El Libro de Hanok el Nabi'Yah

Traslado por

Yohanan Ben Yashayah

CCB Publishing
Columbia Británica, Canadá

El Libro de Hanok el Nabi'Yah

Copyright © 2020 por Yohanan Ben Yashayah
ISBN-13: 978-1-77143-399-0
Primera Edición

Library and Archives Canada Cataloguing in Publication
Title: El libro de Hanok el Nabi'Yah / traslado por Yohanan Ben Yashayah.
Other titles: Ethiopic book of Enoch. Spanish.
Names: Ben Yashayah, Yohanan, 1984- translator.
Description: Includes bibliographical references.
Identifiers: Canadiana (print) 20190145218 | Canadiana (ebook) 20190145757 | ISBN 9781771433990 (softcover) | ISBN 9781771434003 (PDF)
Subjects: LCSH: Enoch (Biblical figure)
Classification: LCC BS1830.E6 S63 2019 | DDC 229/.913—dc23

Charles, R.H. The Book of Enoch or 1 Enoch.
Originalmente publicado en 1912 por Oxford Universidad Presa, Londres.
Traslado del editor Ethiopica texto y editado con la introduccion, notas y indices de la primera edicion totalmente reescribido, junto con una reimprimido texto de Griego fragmentos del texto del editor.

Esta traslacion es de un publico dominio version de El Libro de Enoch.

Arte diseño del cubre: Marrón seda en el fondo © kozini | CanStockPhoto.com

Extremo cuidado se ha tomado para asegurar que toda la información presentada en este libro sea exacta y actualizada al momento de la publicación. Ni el autor ni el editor pueden ser responsables de cualquier error u omisión. Adicionalmente, ninguno tiene responsabilidad alguna por los daños que puedan resultar del uso de la información contenida en el mismo.

Todos los derechos reservados. Ninguna parte de esta publicación puede ser reproducida, almacenada en un sistema de recuperación o transmitida en o por cualquier forma, electrónica, mecánica, foto copias, grabación u cualquier otro medio sin autorización escrita por parte del autor, excepto en el caso de breve citas incorporados en artículos y revisiones. Para cualquier otro tipo de permiso, favor de contactar al autor.

Por permiso o preguntas de utilizar con autorización contacta:
yohananbenyashayah@yahoo.com

Editorial: CCB Publishing
               Columbia Británica, Canadá
               www.ccbpublishing.com

Cepher ha Hanok ha Nabi'Yah

Indice de Materias

Introducción v

1. Diccionario de Palabras xxxi

2. El Libro de Hanok 1

3. Bibliographia 141

Biographia de el Traslador 142

Shemoth/Exodo 23:13
"Y nombres de otros poderosos no mencionen,
ni se oirá en vuestra boca"

Introducción

Hanok, esta grabado en las Sagradas Escrituras en el Libro de Bereshiyt/Genesis,
"Y fueron todos los dias de Hanok treszientos y sesenta cinco años. Y anduvo, Hanok con Alohay ᕼᘔᒣᐱ AHAYAH, y desaparecio, que lo llevo Alohay ᕼᘔᒣᐱ AHAYAH."
Bereshiyt/Gen 5:24

Estaba llevado al Shamayim en el tiempo de la caida de los nephilim, antes del gran diluvio en los tiempos de Noah. Esta en la viva presencia de Alohay. En la letra a los Ivriym/Hebreos dice de el, "Por la fe, Hanok fue traspuesto para no ver muerte, y no fue hallado por que lo traspuso Alohay; y antes que fuese traspuesto, tuvo testimonio de haber agradado a Alohay."
Ivriym/Hebreos 11:5

En esta entrada a la sagrada presencia de Alohay AHAYAH fue mas grande que la entrada de el Nabi'Yah AliYah (EliYah) cuando el ascendió a el Shamayim también en carros y caballos de fuego en un momento lleno de majestad y era asi igual se hizo cumplido al fin de todo. Esta referido este libro en Yahosha/Josue en las Sagradas Escrituras. "Y el sol se detuvo y la luna se paro, hasta tanto que la Gente se vengo de suyos enemigos. Esto no esta escripto en el libro de Yashar/Jasher?" (la rectitud) Yahosha/Josue 10:13

Libro de Yashar/Jasher Capitulo 3 y 4

27. "Y en ese tiempo los hijos de Adam estaban con Hanok, y Hanok estaba hablando a ellos, y ellos levantaron para arriba suyos ojos y se aparecio en vista como un grande caballo que descendia del shamayim, y el caballo hechaba pasos en el aire;

28. Y ellos le decian a Hanok lo que ellos habian visto, y Hanok les dijo a ellos, en mi cuenta viene este caballo descendiendo sobre la tierra;
el tiempo a venido cuando Yo me tengo que ir de ustedes y no voy mas a ser visto por ustedes. 29. Y el caballo descendio en ese tiempo y se paro de pie ante Hanok, y todos los hijos de Adam que estaban con Hanok lo miraron a el.
30. Y Hanok luego otra vez mando una voz a ser proclamada, diciendo, "donde esta el adam que se alegra a conocer los caminos de Alohay ᴧZᴧ⚹ AHAYAH, deja lo venir este yom a Hanok antes que el esta llevado de nosotros.
31. Y todos los hijos de Adam se juntaron en asamblea vinieron a Hanok ese yom; y Hanok luego enseño los hijos de Adam sabiduria y conocimiento, y a ellos les habia dado sagradas instrucciones; y el los mando a ellos a servir ᴧZᴧ⚹ AHAYAH y caminar en SuYos caminos todos los yomiym de suyas vidas, y el continuo a hacer la shalom entre ellos. 32. Y era despues de esto en que el se levanto arriba y montado sobre el caballo, y el fue adelante y todos los hijos de Adam se fueron atras de el, era como ocho cientos mil hombres; y fueron con el un yom de viaje.
33. Y el segundo yom el les dijo a ellos; "Regresen a tus tiendas, por que van a ir ustedes? Quizas ustedes pueden morir;" y unos de ellos se fueron de el, y esos que quedaron fueron con el seis yomiym de viaje, y Hanok dijo a ellos cada yom "Regresen a tus tiendas quizas ustedes pueden morir," pero ellos no querian regresar, y ellos se fueron con el.
34. Y en el sexto yom algunos de los hombres se quedaron y se pegaron a el, y ellos le decian a el "Nosotros vamos a ir contigo a el lugar donde usted va a ir; como ᴧZᴧ⚹ AHAYAH vive; muerte no mas va a separarnos a nosotros. 35. Y ellos insistieron tanto a ir con el, que el paro de hablar a ellos; y ellos se vinieron atras de el y no iban a regresar. 36. Y cuando los reyes regresaron ellos causaron un censo a ser hecho en orden a

conocer el numero de los hombres que se quedaron que se fueron con Hanok; y en el septimo yom que Hanok ascendio al Shamayim adentro un remolino, con caballos y carros de fuego. 37. Y en el ocho yom todos los reyes que habian estado con Hanok enviaron a traer para atras el numero de hombres que estaban con Hanok, en ese lugar en donde que el fue a ascender al Shamayim.

38. Y todos esos reyes fueron a ese lugar y ellos encontraron que la tierra estaba llena de nieve, y sobre la nieve estaban grande piedras de nieve, y uno dijo al otro, "Vamos, dejanos quebrar por entre medio la nieve y a ver quizas los hombres que se quedaron con Hanok estan muertos, y estan ahora abajo las piedras de nieve, y ellos buscaron pero no podian a encontrar lo a el, por que el habia ascendido al Shamayim.

4.1. Y Todos los yomiym que Hanok vivio sobre la tierra, eran trescientos y sesenta cinco años. 2. Y cuando Hanok habia ascendido adentro al Shamayim, todo los reyes de la tierra se levantaron y llevaron Mathushalah su hijo y lo ungieron a el, y ellos lo causaron a el a reinar sobre ellos en lugar de su padre."
Yashar/Jasher 3:27-38-4:1

    Hanok esta escrito que es el septimo descendiente de Adam y que era profeta, rey y sacerdote que dejo su testimonio para todos suyo hijos que iban a caminar sobre la tierra. Nuestro Mashiach viene a reinar en la tierra y destruir toda la maldad. Esta escrito en la carta de Yahudah "De los quales tambien profetizo Hanok, que fue septimo después de Adam, diciendo: He aqui el Adowan "YAHSHA AHAYAH" es venido con suyos santos millares. A hacer juicio contra todos, y a convictir a todos los impios de entre ellos de todas suyas malas obras que han hecho infielmente, y de todas las palabras duras, que los pecadores infieles han hablado contra el." Yahudah/ Judas 1:14-15

del texto Hanok 1:9. Este verso de Yahudah/Judas es del libro de Hanok 1:9. Hanok tiene referencias en el Antiguo Testamento como tambien el Nuevo Testamento es un libro que es Mashiahyim o Mesiánico sobre todo. Estaba originalmente escrito en Hebreo/Arameo antiguo y traslado a Griego y Latin en tiempos despues del Mashiach (Mesías). Los primeros discipulos del Mashiach tenian conocimiento del Libro de Hanok y lo estudiaban fielmente como un Libro de las Sagradas Escrituras. Esta en los Libros de los Profetas y tambien en la Nuevo Testamento y entre las cartas de Pablo, Pedro, y tambien en Revelacion tiene profecias que estan en el Libro de Hanok y titulos del Mashiach que vienen del libro como ha Mashiach (Mesías) Ungido Unico, Tzadok o Yashar Unico, Elegido Unico, y Ben de Adam que es Hijo de Hombre como en Daniel y Yohanan. Vamos a profundizar la Palabra para descubrir suyas riquezas. En la Segunda carta de Kepha esta escrito: "Pues no perdono Alohay ᴣᴌᴣ𝟜 AHAYAH a los angeles (nephilim) que habian transgresado, mas antes aviendolos arrojados a Sheol con cadenas de oscuridad, para ser reservados al juicio.' 2 Kepha/Pedro 2:4.

Esto esta escrito en Hanok 10:1-16 indicando que Kepha estudiaba y conocia el libro profundamente hasta los discipulos de YAHSHA y la primera asamblea lo tenia como un libro qadosh/sagrado. Revisan la profecia de 2 Kepha/Pedro 3:1-10- Hanok 1:6-9.

Por mucho tiempo este libro estaba afuera de alcanze ocultado en las cuevas de el Mar Muerte cercas de la communidad de Qumran de los Essenes eran fieles a la Tor'ah. Tambien estaba encontrado en Ethiopia desde 500 D.M. Despues del Mesias donde no alcanzo la persecucion de los Romanos que fueron a guerra con Yasharal (Yisrael) y como Babylonia paso la Gran Dispersion por los cuatro vientos fue Yahrushalom atacado las murallas quemadas y el templo saqueado en 70 D.M. Despues del Mesias como lo habia profetizado YAHSHA en MattithYah 24:2. Este libro con muchos otros fueron escondidos de los enemigos que deseaban a quemar todo las Sagradas Escrituras y a desterrar los de la tierra prometida el Tribu de Yahudah, Benyamin, y Levi los ultimos tribus fueron dispersados por Roma. Porque quebramos la Alianza que estaba hecha en las montañas paso lo que esta escrito en la Tor'ah en el Libro de Debarim /Deuteronomio 28 cuando Yasharal no cumplio con la Tor'ah y rompimos el pacto como esta escrito en ZacarYah "Tome luego mi cayado nombrado Piedad, y lo quebre, para deshazer mi Pacto que concerte con todos los pueblos. Y fue deshecho en ese dia, y asi conocieron los pobres del rebaño que miraban a mi, que era palabra de ᄏᒷᗱᗴ AHAYAH. Y les dije: Si les parece bien, dadme mi salario; y si no dejadlo. Y apreciaro mi salario en treinta piezas de plata. Y me dijo ᄏᒷᗱᗴ AHAYAH, echa lo al tesorero. Hermoso precio con que me han apreciado. Y tome las treinta piezas de plata, y las eche en la Casa de ᄏᒷᗱᗴ AHAYAH al tesorero."

ZacarYah 11:10-13 /Matt 27:9-10

Nuestro Melak ha Melakim Rey de reyes YAHSHA AHAYAH ha Mashiach tomo el castigo que nos trae la shalom como esta escrito en el libro de Yashayah/Isayah. ArYah/Leon del Tribu de Yahudah de la descendencia de rey David nos libro de la maldicion de la muerte. "Ciertamente nuestras enfermedades el las llevo, y sufrio nuestros dolores, y nosotros le tuvimos a el por azotado, herido y abatido de Alohay ᄏᒷᗱᗴ AHAYAH. Mas el herido fue por nuestras desobedencias, molido por nuestras transgresiones de la Tor'ah; el castigo de nuestra shalom/paz fue sobre el, y por su llaga fue sanidad para nosotros.

Todos nosotros nos perdimos, como ovejas, cada cual se aparto por su camino; mas ᄏᒷᗱᗴ AHAYAH traspuso en el la transgresion de todos nosotros." YashaYah/Isayas 53:4-6 YAHSHA es AHAYAH manifestado en la carne el Aleph Tau como lo declara en Yohanan "En el principio era la Palabra, y la

Palabra era acerca de Alohay ᗱᘔᗱ𐤊 AHAYAH, y Alohay ᗱᘔᗱ𐤊 AHAYAH era la Palabra." Yohanan/Juan 1:1-5/ YashaYah/IsaYas 48:12

En Hebreo antiguo la Aleph Tav ×𐤊 representa la marca de authoridad de la Alianza y el sacrificio, Principio y Fin o Alpha y Omega en Griego. Dice ha Mashiach YAHSHA: "Yo soy "AHAYAH" el Aleph y Tau (Alfa y Omega) principio y fin, dice el Adowan, que es, y que era, y que ha de venir, Alohay Shadd AHAYAH Todo Poderoso." Revelacion 1:8. YAHSHA nos libro de la sentencia de muerte y por medio de El nos abrio el camino a ABBA AHAYAH. El Nabi'Yah Propheta que esperabamos desde Monte Horeb cuando el pueblo temblo de temor de AHAYAH Debarim/Deuteronomio 18:15-19. Se escuchamos a Moises mas debemos a escuchar nuestra Mashiach que entrego las Leyes o mas bien la Tor'ah a Moises en el Monte Horeb. YAHSHA es la fuerza de la Tor'ah. Yohanan/Juan 5:36-47 / MattithYah 5:17-18 Vamos caminando a la Tierra Prometida al Gran Shabbath (Descanso) con eterna vida en nuestras almas con el Shomer de Yasharal en la Brit Hadasha (Renovada Alianza) MattithYah 26:26-28 que la sangre del Cordero nos permitio a entrar en la Barekah de AHAYAH levantando las maldiciones. Nuestro Gadol Kohen de kohenim (Sumo Sacerdote de sacerdotes) Melak ha Melakim (Rey de reyes) Nabi'Yah de Nabi'im (Profeta de profetas) la sangre del Cordero nos protégé del malak (ángel) de la muerte Rev. 9 como en Egypto cuando paso sobre todos los primogenitos y no toco a los que ponian la sangre del Cordero en los postes de suyas puertas y refleja la venida de ha Mashiach y como nos salva. Shemoth/ Exodus 12:21-23 "Y como Moises levanto la serpiente en el desierto, asi es necesario que el Hijo de Adam sea levantado; para que todo aquel que en el creyere, no se pierda, mas aya vida eterna. Por que de tal manera amo ᗱᘔᗱ𐤊 AHAYAH al mundo, que ha dado a Su Hijo Unigenito, para que todo aquel que en el cree, no se pierda, mas aya vida eterna." Yohanan/Juan 3:14-16.

La Historia del Libro de Hanok.

Por mucho tiempo Hanok se habia desaparecido de entre los Mashiahyim (Mesiánicos) en Roma desde 500 D.M. y seria casi 1,200 años pasados antes de que el libro regresaba y escribas y creyentes en Mashiach podian a apreciar su importancia otra vez mas como en las primeras communidades del los creyentes de el Mesias.

El patriarca-profeta y su libro de revelacion-hizzayan no estaban olvidados. Por todos los hijos de Yasharal (Yisrael) que habian de vivir en tiempos de la gran tribulacion desde la ultima gran dispersion la serpiente a atacado a todo lo sagrado de nuestra gente y lo a hecho impio cuando la tocan con suyas plumas de blasfemia, idolatria, y mentira. Cambiando el Nombre Sagrado del Alohay de Yasharal y el Nombre de Su Hijo a Latin, y Griego esto se llama corrupcion en los textos que a hecho los Alejandrinos hellenisticos impios y Romanos vaticanos puercos con la grande prostituta de Babylonia y también los Christianos (chicas prostitutas) sigan atrás los serpientes de mentira que sigan la bestia y suyo falso profeta contra ha Mashiach estan estos impios hacen todo igual que Roma cambian el nombre sagrada de nuestro ABBA a impio, en las fiestas celebran lo que es idolatria y pagano con Roma quebrando la Tor'ah (la Ley) como estaba escrito en Daniel 7 :25 . Despierta! ustedes fieles de la gran decepcion y salgan de Babilonia. "Como dices, nosotros somos sabios, y la Tor'ah (la Ley) de ᴀᕼᗅᎩ AHAYAH tenemos con nosotros? Cierto he aqui que por demás se corto (la cambio a mentira) la pluma, por demas fueron los escribientes." YirmeYah/Jeremias 8:8/ YashaYah/IsaYas 51:17 /52:1-15

Los primeros creyentes del Mashiach obedecian los Mandamientos de Alohay AHAYAH y la fe de YAHSHA HA

MASHIACH esta communidad esta grabada en libro de Hechos: "Y la multitud de los que habian creido era de un corazon y un espiritu; y ninguno decia ser suyo algo de lo que poseian, mas todas las cosas les eran en comunes." Hechos 4:32
Las communidades de Fe se cambiaron mucho cuando satanas se metio entre medio de las asambleas cuando se volvio la Romana Catholica y produceron la blasfemia de la Latin Vulgate que es vulgar cambiando todo lo sagrado de Yasharal (Yisrael) y convertiendo lo a forma pagano insertando falsos poderosos de los Griegos y Romanos. Cumplieron su proyecto de insultar al Altisimo por medio de las Sagradas Escrituras que habian corrompido la palabra pura a ser impuro texto Alejandrina (la bestia) a la forma helenistica (Romano/Babylonio (pagano impio) el puerco latin adorando al los maldito idolos de Roma, Grecia, Egypto, Babylonia, que son los mismos caidos Nephilim.

Estamos con los ojos abiertos la carta de Pablo lo explica: 3. "No los engañe nadie en ninguna manera; por que no vendra que no venga antes la apostasia, y se manifieste el hombre de transgresion, el hijo de perdicion, 4. Opponiendose, y levantandose contra todo lo que se llama Alohiym, o divinidad: tanto que se sienta en el templo de Poderosos como Poderosos, haciendose parecer Poderosos. 7. Por que ya se obra el misterio de la iniquidad; solamente que el que ahora domina, domina hasta que sea quitado. 8. Y entonces sera manifestado aquel inicuo, a quien Adowan "YAHSHA AHAYAH" matara con el espiritu de Su boca, y con claridad de Su venida lo quitara; 9. A aquel inicuo el qual vendrá por operacion de Satanas, con gran potencia y señales y milagros mentirosos, 10. Y con todo engaño de iniquidad obrado en los que perecen: por cuanto no recibiero la charidad de la verdad para ser salvos. 11. Por tanto pues, enviara ᎪᎻᎪᎩ AHAYAH en ellos operación de error, para que crean a la mentira, 12. Para que sean condenados todos los que no creyeron a la verdad, antes consintieron a la iniquidad." 2 Tesalonicenses 2:3-4/7-12.

Despues de unas generaciones de los discipulos la mentira entro a introducirse en la forma de la falsa doctrina pagana de la Romana Catholica que se hizo la nacional religion de Roma en tiempos del emperador Constantine 325 – 400 D.M y adapto la forma de Babylonia la Grande Prostituta (Roma) y el falso profeta la Romano Catholica Iglesia y con todos que estan en el Christianismo (falso mesias) la falsa doctrina contra el Mesias Verdadero YAHSHA y la Tor'ah Eterna. "Despues vi otra bestia que subia de la tierra; y tenia dos cuernos como a los del Cordero, mas hablaba como el dragon. Y hace toda la potencia de la primera bestia en presencia de ella, y hace a la tierra y a los moradores de ella, adorar la primera bestia, cuya llaga de muerte fue sanada." Revelacion 13:11-12

La raiz de la Fe del Mesias es Yasharal (Yisrael) y no los Griegos o Romanos con su cultura de idolatria y de blasfemia!!! Como esta escrito en Romanos 11 Yasharal es la raiz. " Porque si tu eres cortado del que natural olivo azebuche, y contra naturaleza fuiste injertado en la buena oliva, cuanto mas estos, que son los ramos naturales, seran injertados en su oliva? Por que no quiero, hermanos, que ignoreys este misterio, para que no seays acerca de ustedes mismos arrogantes, que la ceguedad en parte acontecio en Yasharal para que entretanto se entra la plentitud de los gentes: Y asi todo Yasharal fuese salvo, como esta escripto: Vendra de Tziyan el Libertador "YAHSHA", que quitara de Ya'aqob la impiedad. Y este sera mi testamento a ellos quando quitare suyos transgresiones." Romanos 11:24-27 YermiYah/Jer 31:33-34 YAHSHA viene del Tribu de Yahudah como dice ha Mashiach: "Ustedes adorays lo que no sabeys; nosotros adoramos lo que sabemos; por que YAHSHA (salvacion) de los Yahudahiym viene." Yohanan 4:22 Las primeros y verdaderos discipulos y creyentes son llamados los Mashiahiym (Mesiánicos) o Nazarim. Observaban el Shabbath (Sabado) y las sagradas fiestas de AHAYAH en el calendario Hebraico como Pascua, Pentecostes, Yom Kippur y eran de la descendencia de Yasharal (Yisrael) y los gentiles que se juntan en la Fe del Alohay de Yasharal son injertados en la raiz sagrada. A las ovejas perdidas de Yasharal estamos mandados y seran todos que creen en ruah (espiritu) y verdad en ha Mashiach YAHSHA. Los enemigos de AHAYAH inventaron un canon de libros que esta fundado sobre odio y mentira con la intencion a plantar la Gran Decepcion. Es una forma de conquistar nuestra gente por medio de control politica por entre religion y no interes de el conocimiento de la Verdad. Hoshea 4:6 Conocer nuestros enemigos es importante para defendernos contra la oscuridad con la luz. Los serpientes y nephilim estan por todo la historia entre suyos hijos los reyes y organizaciones de religiones como Roma y la U.N. Unidas Naciones que son los diez reinos Rev 13:1. Todo lo revelo nuestro ABBA AHAYAH en las Sagradas Escrituras:

"Por que se amotinan las gentes, y los pueblos piensan vanidad? Estaran los reyes de la tierra, y principes consultaran en uno contra ᎦᏃᎦᎩ AHAYAH y contra Su Mashiach/ Ungido, Rompamos suyas coyundas: y echemos de nosotros suyas cuerdas." Tehilim/Salmo 2:1-3

Se levantara el pueblo de Yasharal por ᎦᏃᎦᎩ AHAYAH y sera un instrumento de guerra sagrada Rev 7 y 14. "No con ejercito ni con fuerza, mas con Mi Ruah (Espiritu), dijo ᎦᏃᎦᎩ AHAYAH Alohay de los Ejercitos." ZacarYah 4:6

La Luz brilla en la oscuridad mas brillosa y el Libro de Hanok estababa preservado para ustedes a ver entre medio de las tinieblas. Todo las Sagradas Escrituras en Hebraico estaban atacados en una grande persecucion que no a parado todavia como dice en Daniel "Y hablara palabras contra al Altisimo, y a los Qadoshim/Santos de el Altisimo quebrantara, y pensara en

cambiar los tiempos y la Ley/ la Tor'ah; Y seran entregados en su mano hasta tiempo, y tiempos, y medio de un tiempo."
Daniel 7:25

Pero nunca puedan a quemar lo que es eterno la Palabra de AHAYAH. "Secase la hierba, caese la flor: mas la palabra de 𐤄𐤅𐤄𐤉 AHAYAH Alohay nuestro permanece para siempre." YashaYah/IsaYas 40:8 Las primeras asambleas tenian el Libro de Hanok y fue desterrado Yasharal en 70 D.M. (Vaticano Gregoriano) 3760-4020 Hebaraico Calendario. Esto fue lo resultado por no escuchar como un pueblo a nuestro Alohay AHAYAH. Yasharal/Yisrael tiene que levantar para arriba la bandera del aryah/leon del tribu de Yahudah YAHSHA AHAYAH HA MASHIACH que profetizo la destruccion del segundo Templo. Esto fue profetizado por Mashiach "Y salido YAHSHA del templo se iba: llegaronse suyos Discipulos para mostrale los edificios del Templo. Y respondiendo el, les dijo; "Ves todo esto? De cierto les digo, que no será dejada aqui piedra sobre piedra, que no sea destruida." MattithYah 24:1-2. Comenso una grande persecucion donde fueron desterrados Roma los expulso varias veces despues que los exhilio de la tierra prometida entre la sagrada historia encontramos evidencia hasta en el Brit Hadasha Renovada Alianza (Nuevo Testamento) " Passadas estas cosas, Paulo se partio de Atenas y vino a Corinto y hallado a un Yahudahiym llamado Aquila, natural del Ponto, que habia poco que habia venido de Italia, y a Priscila su mujer, por que Claudio habia mandado que todos los Yahudahiym saliesen de Roma vinose a ellos:" Hechos 18:1-2.

Esto paso en este tiempo de la guerra de Roma contra Yahudah Despues del Mashiach fuimos desterrados por los cuatro vientos y este Libro de Hanok con otros Libros Sagrados los ocultaron en las cuevas del Mar Muerto y las ovejas que la preservaron en Ethiopia en el siglo quinientos D.M. entre este tiempo de 70 D.M. a 500 D.M. Se preservo el completo texto en la canon de las Sagradas Escrituras de Ethiopia y los Romanos la sacaron de la canon de ellos y el escriba de los impios Romanos se llamaba Geronimo este es el impio mentiroso de la Latin Vulgate que se unio con Constantine a ser una Biblia de los libros Sagrados, pero esto es cuando comenso a fundarse la gran decepción insertaron nombres paganos de Roma entre las Sagradas Escrituras al mismo tiempo los del Sur no los dejaron entrar adentro el pais por mirar todo la maldad que ellos hacian con su falsa doctrina de Babylonia. Los Ethiopianos Mesiánicos tenian una vista diferente de que los Romanos impios. Por que ellos son de la Fe que creen que AHAYAH es Unico Todopoderoso, deteniendo la doctrina que la persona de el Incarnado Mesias es de un entero qadosh/sagrado naturaleza. La figura Mesiánica en el libro de Hanok lo miraban como YAHSHA AHAYAH HA MASHIACH y por el quinto centario quinientos años despues de Mashiach estaba traslado a la lengua de Ethiopia y habia entrado en el canon de Los Ethiopiano Coptica Asamblea. El original texto esta en la lengua Shemitica, una combinacion de Hebraico y Arameo la Lenguaje del Shamayim o mas bien la lengua sagrada de AHAYAH. "La Reina del Sur se levantara en juicio con esta generacion y la condenara: por que vino de los fines de la tierra para oir la sabiduria de Shalomoh, y he aqui mas que Shalomoh en este lugar." MattithYah 12:42

Estaba despues traslado a Griego y Latin. Textos de las Escrituras de Hanok antiguas en todas lenguajes, variando de fragmentos a grandes partes del texto han estado encontrados, pero textos de la Ethiopiano traslaciones estan por lo mas completos estos son usados en este libro. Se puede revisar con las mas antiguas para ver se hay textos corrumpidos como tambien se encuentra en la Sagradas Escrituras. Se encuentra descubierto que por toda las Sagradas Escrituras el Antiguo y Nuevo Testamento tiene significante influencia el Libro de

Hanok. Hasta versos que son del Libro de Hanok como en Salmo 24 " Quien es este Rey de Gloria? "Tehilim/Salmo 24:8. En el Salmo de David esta la pregunta de Hanok que esta en Hanok 46:2-4. Es una referencia Mesiánica este texto se refiere cuando Mashiach entra con ABBA juntos y es declarado Rey de reyes. Es el centro punto de todo el libro cuando se encuentra con ha Mashiach YAHSHA AHAYAH.

Levítico 16: Yom Kippur / Día de Purificacion

El sacrificio de ha Mashiach el Cordero Innocente dedicado a AHAYAH por perdon de las transgresiones de la Tor'ah de los tribus de Yasharal y todos los gentiles refleja en este sacrificio o rito antiguo. AHAYAH presenta la sangre del Cordero nuestro ha Mashiach para derramar Suya sangre preciousa de el Rey de reyes para librar nos de la maldicion de la muerte es una referencia Mashiahyim/ Mesiánica. Y tambien en Levítico 16 encontramos un sacrificio o rito de absolucion que refleja en relacion lo que paso en en Libro de Hanok que es sagrada historia de nuestro pueblo. Se repetia cada año lo que paso en tiempos bien antiguos con el capitán de los nephilim y esta escrito como evidencia en el Libro de Hanok.

"Despues tomara los dos cabros y los presentara delante de ᚨᚾᚨᛋ AHAYAH, a la puerta del Tabernaculo del Testimonio. Y echara suertes Aaroun sobre los dos cabros; la una suerte por ᚨᚾᚨᛋ AHAYAH, y la otra suerte por ~~azazel~~ (la serpiente). Y hara a llegar Aaroun el cabro sobre el cual cayere la suerte por ᚨᚾᚨᛋ AHAYAH, y lo hace ofrecer por expiacion. Y el cabro, sobre el cual cayere la suerte por ~~azazel~~, lo presentara vivo delante de ᚨᚾᚨᛋ AHAYAH para hacer la reconciliacion sobre el, para enviarlo a ~~azazel~~ (la serpiente) al desierto." Levítico 16:7-10 En Hebreo y en ciertas Sagradas Escrituras tiene este nombre cambiado a cabron o en ingles scapegoat revisando lo mas profundo en el Hebreo texto encontramos que esta mencionado el capitan de los nephilim ~~azazel~~ (la serpiente). Esta comprobado que Moises y el pueblo de Yasharal en esos tiempos tenian el Libro de Hanok como Sagradas Escrituras. Por que esta en el Libro de Hanok 10:4-8 lo que cumplian en Yom Kippur (Yom de Purificacion) en los tiempos de antiguedad.

El Libro de Hanok esta mencionado por los Nebi'im (los Prophetas) y ha Mashiach YAHSHA en varias differentes Libros de las Sagradas Escrituras La Parabola de el Rico y Eleazar (Lazaro) Luqas 16:19-31 esta fundado con bases del Libro de Hanok 22:1-14 referiendo a Sheol y los Manantiales de la Agua de la Vida donde vamos hasta el yom del juicio donde viven nuestros antepasados hasta el yom del Gran Juicio.

Hanok 1:5-7 esta en varios libros de Nebi'im (Profetas) "Todos van a ser afligidos con temor y los observantes (nephilim) van a temblar un gran temor y temblando los va a detener hasta los fines de la tierra. Toda alta montaña va a temblar, toda alta loma va a ser rebajada y se derriten como cera en frente del fuego toda la tierra va estar completamente rompida en pedazos y todo que esta en la tierra/ha aretz va a perecer va haber juicio sobre todos." Hanok 1:5-7 esta en Tehilim/Salmo 97:5, Nahum 1:5-10, Miycah/Miqueas 1:2-4, Habaquq 3:1-14 YashaYah/Isaias 40:3-5 lo mismo que gritaba el Nabi'Yah Yohanan el Submergedor que maravilloso y verdadero es la Palabra de AHAYAH. Hanok ciertamente es uno de los dos testigos en Revelacion, "Y dare a dos de mis testigos, y ellos profetizaran por mil doscientos y sesenta dias, vestidos de sacos: Estos son los dos olivos, y los dos candeleros que estan delante del Alohay de la tierra." Revelacion 11:3-4/ZacarYah 4:2,11-14.

La Restauracion del Nombre Sagrado en Paleo Hebreo Antiguo

Lashawan Qadosh o La Lengua Sagrada de antiguo Hebreo es la Lengua de los malakim/mensajeros de AHAYAH. Esta usado Paleo Hebreo la lenguaje antigua en este libro especialmente en el Nombre sagrado de nuestro Abba Alohay de

Yasharal y Hijo Ben de Adam ha Mashiach. La lenguaje que hablaban desde que la creacion comenso antes que vino a pasar la caida de la torre de Babel y AHAYAH confundio las lenguas. "Y Seth tambien le nacio un hijo, y llamo su nombre Enosh. Entonces comenzó ser invocado el nombre de ᎦᏃᎧᛌ AHAYAH." Bereshiyt/Genesis 4:26

"Era entonces toda la tierra una lengua y unas mismas palabras." Bereshiyt/Genesis 11:1

En la Monte Horeb cuando Yasharal estaban en esclavitud por 430 años en Mitsrayim/Egypt hubo una restauracion del nombre sagrado cuando Moises vino del Monte para que Yasharal fuera liberado de la servidumbre y la opresion. En el Libro de Shemoth/Exodus nos explica claro: 13 " Y dijo Moises a Alohay: He aqui yo vengo a los hijos de Yasharal (Yisrael), y les digo: El Alohay de nuestros padres me a enviado a ustedes: y si ellos me preguntan: Cual es Su nombre; que les respondere?

14 Y respondio Alohay a Moises: Heb. AHAYAH ASHAR AHAYAH /Esp. Sere El que Sere o Yo Soy Quien Yo Soy: Y dijo: Asi diras a los hijos de Yasharal: ᎦᏃᎧᛌ AHAYAH (Sere/Yo Soy) me a enviado a ustedes.

15 Y dijo mas Alohay a Moises: Asi diras a los hijos de Yasharal (Yisrael): ᎦᏃᎧᛌ AHAYAH (YHWH) Alohay de nuestros padres, el Alohay de Abraham, Alohay de Yitzaac y Alohay de Ya'aqob, me ha enviado a ustedes. Este es Mi Nombre para siempre; y este es mi memorial por todos los siglos." Shemoth/Exodo 3:13-15 (YHWH o YHUH se relaciona y se descubre que es la palabra en Paleo-Hebreo: Ah- Hayah es Sere, Yo Soy)

En Shemoth/Exodo 3:14 nos responde la pregunta que es AHAYAH en Hebreo Antiguo que es H1961 en Strong's Hebreo Diccionario Hayah: "Una raíz primitiva compara a H1933 a existir, ser o hacerse, a vinir a pasar, señal de guia, junto, acumplir, compromiso, como, quebrar, causar, a venir a pasar, hacer, desmayar, caer, seguir, paso, tener, pertenecer, dejarse, requerido, usar. A respirar, a ser en sentido de existencia." Y relaciona a mas verbos cuando se compara a otros verbos.

La lengua Sagrada es importante para que venga un revivimiento en el cuerpo del Mashiach/Mesías nos prepara nuestro ABBA para entrar en la tierra prometida otra vez y los hijos se preparan por que la Lengua Hebraica es la Lenguaje de la Creacion que nuestro ABBA AHAYAH hablo en existencia con Su boca y lo restauro con la Tor'ah Eterna en el Monte Horeb para que entremos con labios puros en la tierra qadosh/sagrada: " Y dio a Moises, como acabo de hablar con el en el Monte Horeb, dos tablas del Testimonio, tablas de piedra escritas con el dedo de ᴲᴸᴲᵡ AHAYAH. Shemot/Exodo 31:18

"Por que entonces Yo devolvere a los pueblos el labio limpio, para que todos invoquen el Nombre de ᴲᴸᴲᵡ AHAYAH, para que le sirvan de un consentimiento." ZephanYah/Sofonias 3:9

"Y abrieron los libros de la Ley, los quales las Gentes inquirian, para pintar en ellos las imágenes de suyos idolos." 1 Maccabiym 3:48

"Y sera en aquel dia, dice ᴲᴸᴲᵡ AHAYAH Alohay de los Ejercitos que talare de la tierra los nombres de las imagenes, y nunca mas vendrán en memoria; y tambien hare talar de la tierra a los profetas y al espiritu de immundicia. ZacarYah 13:2

"Y metere en el fuego a la tercera parte, y los fundire como se funde la plata, y los probare como se prueba el oro. El invocara Mi Nombre, y YO lo oire, y dire: Mi Pueblo es, y el dira: ᴲᴸᴲᵡ AHAYAH es mi Alohay." ZacarYah 13:9

"Y ᴲᴸᴲᵡ AHAYAH será Rey sobre toda la tierra. En aquel dia ᴲᴸᴲᵡ AHAYAH será úno (achad), y SuYo nombre uno (achad)." ZacarYah 14:9

"Por que todos los pueblos andaran cada uno en el nombre de su poderosos, mas nosostros andaremos en el Nombre de ᴲᴸᴲᵡ AHAYAH nuestro Alohay eternamente para siempre y eternamente." Miykah/ Micheas 4:5

"Y será, que cual quiera que invocare el Nombre de 3Z3y AHAYAH escapara: por que en el monte de Tziyan y en Yahrushalom habra YAHSHA (salvacion), como 3Z3y AHAYAH ha dicho, y en los que habran quedado, a los cuales habrá 3Z3y AHAYAH llamado." Yoel 2:32

"Y les hice conocido Tu Nombre, y lo hare conocido: para que el amor con que me has amado, este en ellos, y YO en ellos." Yohanan 17:26

"Yo he venido en nombre de Mi Abba." Yohanan 5:43

"Y en ningun otro hay YAHSHA (salvación); porque no hay otro nombre bajo el shamayim/cielo, dado a los hombres en que podamos ser salvos. Hechos 4:12

"Y vi a otro malak que subia del nacimiento del sol, teniendo el sello del Alohay vivo; y clamo con gran voz a los cuatro malakim, a los cuales era dado hacer daño a la tierra y al mar, diciendo: No hagas daño a la tierra, ni al mar, ni a los arboles, hasta que señalemos a los siervos de nuestro Alohay en suyas frentes. Y oi el numero de los señalados, ciento cuarenta y cuatro mil señalados de todas las tribus de los hijos de Yasharal. Revelacion 7:2-4

"Y mire, y he aqui el Cordero estaba sobre el monte Tziyan, y con el ciento cuarenta y cuatro mil, que tenian el Nombre de Su ABBA escripto en suyas frentes." Revelacion 14:1

"Y vi una bestia subir de la mar, que tenia siete cabezas y diez cuernos: y sobre los cuernos diez diademas; y sobre las cabezas, un nombre de blasfemia." Revelacion 13:1

"Aqui esta la paciencia de los santos, aqui estan los que guardan los mandamientos de 3Z3y AHAYAH y la fe de YAHSHA." Revelacion 14:12

  Profundizando las Sagradas Escrituras nos indica que va haber un engaño la Gran Decepcion y va haber una Gran Despertad a la Verdad del Nombre Verdadero y la Tor'ah Eterna. "No penséys que he venido para desatar la Tor'ah (la

Ley) o los profetas; no he venido para desatar la, mas para cumplir la. MattithYah 5:17 Y va haber una separacion del engaño de los nombres falsos que invocabamos de los falsos poderosos y la forma de iniquidad de no tener la Tor'ah Eterna que manipularon entre las Sagradas Escrituras torciendo las palabras de Pablo 2 Kepha/Pedro 3:15-18 y no aplican la Tor'ah cambiando el Sabbath a el primer yom dedicado al sol como hace Roma/Babylonia el vaticano/el falso profeta y las naciones impias y paganas en Revelacion 13. "Entendiendo primero esto, que ninguna profecia de la Escriptura es de particular interpretacion." 2 Kepha/Pedro 1:20

Todo los cambios de los vientos estan pasando es tiempo de Despertad Yasharal! Vamos todos a entender que hora es y preparar nos para la guerra sagrada contra los nephilim y suyos hijos que habitan entre nosotros entre los gobernantes del mundo como en Yahosha/Josue 11/Efesianos 6:10-18 y como la Parabola de la Virgenes Matt 25:1-13 nos preparamos para la Boda del Cordero con el Nombre de YAHSHA AHAYAH con el revivimiento del Sagrado Nombre levantamos el fuego de la Reformacion y marchamos como ejercito de AHAYAH. "Por que la tierra sera llena del conocimiento de la majestad de ᎮᏃᎪᏆ AHAYAH como las aguas cubren la mar." Habaquq 2:14

El Regreso de los Nephilim Revelacion 9, Yoel 2, MattithYah 24:37, Hanok 80

Encontramos entre las Sagradas Escrituras referencias a los nephilim y los hijos que habitan entre los hijos de Adam desde tiempos antiguos es una raza que profana y contamina nuestras hijas como explica en Bereshiyt/Genesis 6:1-8, Numeros 13:28-33, Entro Yasharal a la tierra prometida con autoridad de nuestro ABBA AHAYAH a destruir los hijos de ellos que son una raza perversa de serpientes. Deuteronomio 2:19-37/3:13 la guerra qadosh/santa limpio la tierra de los hijos de los nephilim.

"Tambien en el mismo tiempo vino Yahosha, y destruyo los anakim (Nephilim tribu)) de los montes, de Hebron, de Dabir, y Anab: y de todos los montes de Yahudah, y de todos los montes de Yasharal. Yahosha los destruyo a ellos y suyas cuidades. Ninguno de los Anakim (enaceos) (nephilim tribu) quedo en la tierra de los hijos de Yasharal; solamente quedaron en Gaza, en Gat, y en Asoth." Yahosha/Josue 11:21-22. La salida de la casa de esclavitud de Egypto era para preparadnos para la guerra qadosh/santa contra los ejercitos de los nephilim todo la descendencia de ellos son malos espiritus.

En 1 Samuel 17:4-9/45-51. Goliath era de Gat donde sobrevivieron esta raza ocultada hasta que se manifesto entre los mismos pueblos de gente impia y David con la Fe Verdadera en AHAYAH ASHAR AHAYAH derroco los hijos de nephilim con la piedra YAHSHA que nos salva Tehilim/salmo 95:1. Se ocultan entre los hijos de Adam que son perversos. Viene otro guerra qadosh/santa contra ellos otra vez y Yasharal es un instrumento de guerra de nuestro Alohay AHAYAH.

"No es como ellos la parte de Ya'aqob: por que el es el Formador de todo, e Yasharal (Yisrael) es la vara de su heredad; 𐤄𐤅𐤄𐤉 AHAYAH Alohay de los Ejercitos es Su nombre. Martillo me soys, o armas de guerra, y por ti quebrantare Gentes, y por ti deshare reinos." YermiYah 51:19-24 Nos preparamos con el Nombre de el Alohay de Yasharal porque es importante a invocar al Verdadero Qadosh Alohay de Yasharal con la misma Fidelidad de David cuando tumbo el gigante/ hijo de nephilim con la voluntad de ABBA.

La Gran Decepcion: Raizes de Mentira
con Nombres Impuros y Errantes

La Abominacion de Desolacion que esta en el Libro de Daniel 7:13 y la blasphemia en Rev 13:1 que esta en las coronas están puestos como nombres impios e errantes. Titulos que son blasphemia y una marca de la bestia con falsa doctrina de

Babylonia. Como en 2 Reyes Capítulo 17 los 10 tribus fueron exiliados a Assyria y a los 4 puntos de la tierra por apostacia con costumbres impias y adoraban y invocaban falsos poderosos de Babilonia los nephilim como hoy hacen todavía lo revela Yachezqeal/Ezequiel 8 y se fueron dispersados por toda la tierra 4 Esdras Capítulo 13:40-46. Revisando Daniel 7:25 tambien nos da a saber que insultan o blasfeman al nombre sagrado. Esta escrito que Yasharal tiene culpa también con las gentiles explica el libro de Yachezaqeal/Ezequiel:

"Y Yo santificare mi grande Nombre contaminado en las Gentes, el qual ustedes contaminaste entre ellas: y sabran las Gentes que (YO SOY) AHAYAH, dijo Adowan AHAYAH, quando fuere santificado en ustedes delante de vuestros ojos. Y Yo os tomare de las Gentes, y os juntare de todas las tierras: y os traeré a vuestra tierra y esparzire sobre ustedes agua limpia, y sereys limpiados de todas vuestras inmundicias: y de todos vuestros idolos los limpiare." Yachezeqeal 36:23-25

Los errantes nombres que los reyes han nombrado en suyas lenguas impuras y profanan nuestro templo son: ~~jehovah~~, ~~yave~~, ~~yahweh~~, ~~jesus~~, ~~dios~~, ~~señor~~, y ~~christo~~ y hay mas titulos que son todos blasfemia. Estos nombres tienen raizes de blasfemia se los revisan mas profundamente por entre la historia son contra ha Mashiach (antiMesías) y no los usamos en este libro. Todos estos nombres están dedicados a falsos poderosos extranjeros, recuerden que no había j jota hace 600 años. Es un combate contra Yashar'al a meter la mentira en nuestro boca. 2 Kepha 2:15 Revisando las raizes de las palabras ~~jehovah~~ es en hebreo esto "maestro de ruina" en el Hebreo Strong's Diccionario H1943 Hovah es una forma de ruina o travesura. ~~Yave~~ en Roma se escribe como ~~Iove~~ un falso poderoso de los Romanos y ~~yahweh~~ es igual que el falsos poderosos de la gente de la tierra de Canan y poderoso de los Romanos que lo nombran en debes de la w la cambian por una v es igual que los poderosos extranjeros de los de la tierra de Canan que viene de Babilonia la grande prostituta. Tambien La impia palabra de ~~dios~~ esta fundado en raizes de adoracion pagana como ~~deus~~ en Grecia que es igual que la abominación de desolación que instalaron en el templo en tiempo de la Maccabiym rebuelta ~~zeus~~ en Grecia o ~~jupiter~~ un falso poderoso de Roma que es igual al que es de Grecia que gran maldad han ocultado por mucho tiempo entre historia! Hay muchos libros que tienen evidencia entre la historia que revela que son falsos poderosos de los Griegos, Romanos, Egipcios, Cananitos, y Babilonios. (Strong's Greek Exhaustive Concordance o Thayer Greek Lexicon nt 2203 biblehub.com) En el titulo de ~~señor~~ es un bien común titulo de un falso poderoso que es igual a Adonay que es igual a ~~baal~~ en origin de Canan y un titulo incorrecto que viene de Babilonia después que regresaron de alli a Yahrushalom con costumbres diferentes y errantes. ~~christos~~ es palabra Griega en raizes que esta fundada sobre paganismo de los de ~~Mithraismo~~ que se escribe como ~~chrestos~~ falsos poderosos de los impios paganos Griegos la palabra correcta por ungido traslado es Mesías que viene de Mashiach. (Revisa mas profundo términos pagonos en www.AHAYAH.com) La gran decepcion fue establecido por la conquista de Alejandro la (bestia) de los Griegos en el Libro Apocrypha 1 Maccabiym Capitulo 1 y 2 Maccabiym 6:1-9 poniendo las Griegas costumbres y la abominación de desolacion sobre los hijos de Yasharal y cambiando la Tor'ah Eterna a la forma de la bestia en Daniel 8 y poniendo un altar dedicado a los poderosos extranjeros de Grecia que son los mismos de Babilonia. Roma tomo la forma de la Bestia y aplico todas las mismas formas de a ser una nueva orden mundial de leyes impias y sacrificios abominables dedicados al maldito ~~z x u s~~ que ahora los christanos adoran cuando invocan segun el nombre de su falso mesias invocando ~~j-e-z-e-u-s~~ escribido como ~~jesus~~ la abominación de desolación se pronuncia otra vez como antes! Profana el templo sagrado que es la asamblea. Y Roma como Babilonia ha hecho esto entre nuestro pueblo para conquistar y manipular nos con engaños por mucho tiempo. Hay que revisar mas profundo la historia para descubrir entre el tiempo la abominación de desolacion la gran decepción. Esta vez el templo no esta hecho de piedras pero nosotros que somos creyentes en ha Mashiach YAHSHA.

"O no sabeys que soys templo de Alohay ᴣ⊦ᴣ⩔ AHAYAH, y que la Espiritu de Alohay mora en ustedes?" 1 Corinthios 3:16
1 Kepha/Pedro 2:4-9

No habia J jotas hace 600 años sabemos entre historia que el nombre fue camiado por escribes Griegos/Romanos y también Yasharal que accepto la mentira y niego la verdad llegando a blasfemar como en 2 Libro de los Maccabiym Capitulo 6. Es importante que la Reformacion viva mas fuerte que antes! En 1611 Rey Ya'aqobo Version y el Libro del Oso de Reina 1569 enseñan el nombre del Mesias como Iesous que se vuelve traslado a YAHSHA AHAYAH Salvacion de AHAYAH) o YAHOSHA Salvacion/Salvador en Hebreo antiguo la lengua sagrada hamos revisado todo la raiz palabra de YAHSHA en Hebraico es salvacion el nombre que Miryam/Maria nombro ha Mashiach en Hebreo y el Nombre de ABBA se encuentra en la TANAKH la Sagradas Escrituras en Antiguo Hebreo que es AHAYAH ASHAR AHAYAH YO SOY QUIEN YO SOY , AHAYAH es un memorial para siempre. Shemoth/Exodus 3:13-15. Revisamos la Hebraico diccionario para entender lo que significa: Yasha un raiz primitive, apropiado, a ser abierto, ancho o libre i.e; por implicacion a ser salvos, a ser liberados o socorrer, a vengar, defender, libertador, ayuda, preservar, rescatar, a ser salvo, traer o tener salvacion, salvador, salvar, tener victoria. H3467 en el Strong's Hebreo Diccionario. En latin no tiene ninguna forma sagrada mas bien impia tiene apellido del marrano idolo de los griegos, pero en antiguo Hebreo si tiene forma sagrada con apellido del Alohay de

Yasharal. Por eso vamos a introducir en el Libro de Hanok el Nombre Sagrado de ABBA y Hijo. Por que es este Libro Mashiayim/Mesiánico en total lo dedicamos a YAHSHA AHAYAH Ha MASHIACH Gadol Kohen (Sumo Sacerdote) nuestro para siempre. "Por tanto, teniendo un tan gran Sumo Sacerdote que penetro los cielos, YAHSHA el Hijo de ᎮᏃᎯᎩ AHAYAH, retengamos la profesión de nuestra esperanza. Que no tenemos Sumo Sacerdote que no se pueda ressentir de nuestras debilezas, mas tentado en todo segun nuestra imagen, sacado la trangresion. Lleguemos nos pues confiadamente al trono de Su gracia, para alcanzar piedad y hallar gracia para la ayuda oportuna." Hebreos/Ivryim 4:14-16/ 5:1-14

Historia del Libro de Hanok.

En 1773 D.M. Despues del Mesías (vaticano Gregoriano calendario) Ya'aqob Bruce, un peregrino de Scotland, trajo a Inglatierra dos contemporarios escrituras o libros que eran copias del Ethiopiano Libro de Hanok. Extractos con una Latin traslacion, estan publicados en 1800 por Silvestre de Sacy. Luego en 1821 vino una version Ingles de la entera obra, traslado por Richard Laurence, de Cashel, que despues de 1838 edito el texto Ethiopiano. No estaba una traslacion entera hecha hasta 1906 en Ingles para el oeste del mundo. Esta el 1 Hanok hecho en la fecha antes del ha Mashiach es un Libro de antiguedad. La Slavonica Revelacion de Hanok 2 Hanok o el Libro de los Secretos de Hanok que esta en antiguo Slavonico de las fechas de 1400 -1900 D.M. Esta claramente traslado de un original que estaba en Griego, en que esta hecho entre el mismo tiempo fue traslado en esta epoca. Lo que contiene en el Libro es Yahudah y Mesiánico o Mashiahyim. El primer Libro de Hanok estaba completamente en antiguo Ivryim Hebreo que es la lengua de los hijos de Hanok y la lengua que Hanok hablaba y esta comprobado en el descubrimiento de rollos escriturales en el

Mar Muerto o Mar Salado en las cuevas de Qumran reciente alrededor de 1946 por pastores que pastoreaban ovejas estaban en varias vasijas grandes envueltos en lino. El texto del 2 Hanok corresponde a las vidas de Hanok y suyos descendientes hasta el tiempo antes que el diluvio de Noah y la Arca.

En el Libro Hanok viaja entre el Shamayim con detalladas cuentas de destino del bien y el mal despues de la muerte, predichos de profecias del future destino de los hijos de Adam- incluyendo la profecia del diluvio y instrucciones de advertencia a los sobrevivientes Hanok regresa con su familia a decir les lo que le habia pasado con los malakim mensajeros de AHAYAH el texto concluye con breves vidas del sobreviviente de Hanok: Su hijo Mathushalah. El Hebreo revelacion de Hanok o Hanok 3. Esta escrituras tiene fechas de entre el 500-600 D.M. Despues del Mesias y de alli en adelante estaban preservadas. Textos imprimidos existen desde 1650. El Ethiopiano Libro de Hanok es un texto completo y esta fundada sobre las bases del ha Mashiach y es esta version que utilizamos en esta version. Que es la rompe cabeza que falta del retrato para completer y entender las Sagradas Escrituras. Comiensa con una profecia del Gran Juicio, que esta despues una cuenta de la orden de la naturaleza y lo compara a la obedencia a los mandamientos como todo la naturaleza obedece suyo mandamientos. Lo que sigue es la seccion que contiene la mas famosa Sagrada Historia del texto: "La Caida de los Doscientos Nephilim. Estos eran de los altos en authoridad de malakim los mensajeros o los ejercitos de AHAYAH. Pero ellos habian descendido a la tierra a Monte Hermon a enseñar prohibido sabiduria a los hijos de Adam. Suyos descendientes son los gigantes los hijos de los nephilim de donde almas viene los malos espiritus. Marcos 5:2-20/Hanok 15:8-12 Hanok intercede, con negacion a la peticion. El trata de interceder en parte de los caidos nephilim observantes pero esta rechazado y el esta enseñado suyos futuros suertes de destino de castigos y les entrega una Proclamacion de Declaracion que para ellos no hay paz y la sentencia de cadenas y lumbre eterna. Despues de esto viene el viaje de Hanok a los cuatro cuartos de la tierra y los shamayim/cielos y los firmamentos. Despues Parabolas llenan la seccion siguente, en correspondencia a el futuro juicio, de los nephilim, ha Mashiach y los premios y castigos de los rectos y malhechores. Despues de esto Hanok esta instruido en astronomical y misterioso del calendario, que el entrega a su hijo Mathushalah entre su maravilloso tiempo que desciende a la tierra y asciende al Paraiso. El Libro de Hanok continua con las Profecias de Revelaciones cubriendo el tiempo del diluvio, hasta Shemoth/Exodus, la construccion del Templo, suya destruccion y el exilio, hasta la rebuelta Maccabiym y el Ultimo Juicio. El Texto concluye con las advertencias de Hanok a su hijos, la Hizzayan/ Revelacion de Semanas en que los eventos de los diez ultimas semanas del mundo estan revelados, y una seccion que reprende a los transgresores de la Tor'ah y aseguranzas a los rectos.

El Ethiopiano Hanok es un texto bien rico en Qadosh/Sagrada Historia. Nos enseña la parte de historia que las fuerzas de oscuridad no quiere a revelar para entender las Qadosh/Sagradas Escrituras mas profundo y la guerra entre la oscuridad y la luz, tenemos la decision a escojer rectitud en la verdad y YAHSHA AHAYAH que esta para librarnos de la muerte en el Ben de Adam Hijo Unico de AHAYAH encontramos salvacion de todas las fuerzas de oscuridad con la armadura de Rectitud o Yashar. Efesios 6:10-18. ABBA AHAYAH nos llamo por entre medio del sacrificio de YAHSHA AHAYAH Ha Mashiach solo los Rectos o yasharim van a obtener la luz. Tenemos que escojer el camino de la vida o muerte Yasharal, la decision es nuestra. Shalom y la Kesed de

YAHSHA los ayude en crecer en conocimiento de Alohay AHAYAH. Debarim/Deuteronomio 30/2 Kepha/Pedro 3
Shalom, la paz de YAHSHA ha Mashiach sea con ustedes,

Yohanan Ben Yashayah

Diccionario de Palabras

OWZ	YAHSHA (Salvacion o Salvador)
ɛΖɅɟ ɟWɟ ɛΖɅɟ	AHAYAH ASHAR AHAYAH
AHAYAH ASHAR AHAYAH	YO SOY El QUIEN YO SOY
AHAYAH	El Que Existe/Sere/Yo Soy
AHAYAH YAHSHA AHAYAH	Salvacion de AHAYAH
YAHSHA HA MASHIACH	El Mesias
YASHAYAH	Mi Salvacion es AHAYAH
Alohay	Poderoso
Adowan AHAYAH	Soberano AHAYAH
Shadd AHAYAH	TodoPoderoso AHAYAH
Melak ha melakim	Rey de reyes
Adowan de Adownim	Soberano de soberanos
Alohay Tzaba'oth	Poderoso de los Ejercitos
Alohay de alohim	Poderoso de poderosos
Shakanah	La Majestad en presencia de AHAYAH
Ben de Adam	Hijo de Adam
Ha Mashiach	Ungido Elegido
Anciano de Yomiym	Anciano de dias
MelakiYashar	Rey de Rectitud
Malak	Mensajero de AHAYAH

Aleph Tau ✕ ⱡ	Principio y Fin / Alpha y Omega
	Fuerza, Unidad/Marca, Alianza
Abba	Padre
Nabi'Yah	Profeta de AHAYAH
Hanok	Henoch
Yasharim	Rectos (Gente de Rectitud)
HizzaYan	Revelacion de AHAYAH
Qadosh	Santo, Separado, Sagrado
Yomiym	dias
Yom	dia
Shamayim	Cielo/s Aguas de Arriba
Adam	Ser hecho de la tierra y Espiritu (Ruah)
Alohay	Poderoso
Heykal	Templo
Ha Aretz	la tierra
Shalom	La Paz sea con usted (Eterna)
Baruk	Bendicion
Qadoshim	Santos
Malakim	Mensajeros de AHAYAH
Nephilim	Los Caidos Angeles
Kesed	Amor/Gracia/Bondad
Mashiahyim	Mesiánicos
Hawwah	Madre del ser Viviente
Tzadok	Recto

HallalAhaYah	Alabado sea AHAYAH
Barekah	Alabanzas/Bendiciones
Tehilim	Alabanzas
Halevonah	Frankincensio
Ruah	Espiritu
Ruahoth	Espiritus
Yahrushalom	Jerusalem
Yahudah	Judah
Yashar	Jaser (la Rectitud)
Hai	Vida
Sheol	Infierno/Lugar de los Muertos
Yashar'al	Yisra'el
Ahman	Sea la Verdad
Torah	La Eterna Ley/ Los Mandamientos
Miykahyal	Miguel
YashaYah	Isayas
MattithYah	Mateo
Yared	Jared
Noach	Noe
Yachezqeal	Ezequiel
Shemoth	Exodo
Bara'shiyt	Genesis
Yohanan	Juan
Miykah	Micheas

Qadosh/Sagrado Nombre Restauracion

En Paleo-Hebreo

El Libro de Hanok el Nabi'Yah

Mashiahiym-Nazariym
Hebreo-Español Version

El Libro de Hanok

Parábola de Hanok del Futuro Destino de los Malvados y los Yasharim.

1 Las palabras de la barekah de Hanok, con esto el baruk a los elegidos y los yasharim, que van a vivir en el yom de tribulación, cuando todos los malvados y enemigos que están contra Alohay ᴣꞀᴣꭕ AHAYAH van a ser removidos.

2. Y el tomo su parábola la levanto para arriba y dijo; Hanok un yashar adám, quien suyo ojos estaban abiertos por ᴣꞀᴣꭕ AHAYAH miro la hizzayan de Alohay Qadosh Único en los Shamayim, en cuál los malakim me habian revelado, y de ellos Yo escuche todo y de ellos Yo entendi y mire, pero no por esta generación, pero para una que viene en el futuro.

3. En correspondencia a los elegidos Yo dije, y tomé a levantar arriba mi parábola sobre ellos: Qadosh Alohay Único ᴣꞀᴣꭕ AHAYAH viene adelante de Su morada,

4. Eterno Alohay ᴣꞀᴣꭕ AHAYAH va a caminar sobre ha aretz, hasta sobre Monte Horeb, y va aparecer de SuYo campamento y aparece en la fuerza de SuYo poder del Shamayim de shamayim.

5. Y todos van a ser afligidos con temor, y los nephilim van a temblar, y gran temor y temblando los va a detener a ellos hasta los fines de ha aretz.

6. Y las altas montañas van a temblar, y las altas lomas van a ser rebajadas, y se derriten como cera ante del fuego
(Yashayah 40:3-8 Miykah 1:2-4 2 Kepha 3:10)

7. Y ha aretz va a ser completamente rompido en pedazos y todo lo que está en ha aretz va a perecer. Va haber un juicio sobre todo adam.

8. Pero con los yasharim ᎦᏃᎡ𝟺 AHAYAH va hacer la shalom, y va a proteger a los elegidos, kesed o bondad estarán sobre ellos. Ellos todos van a pertenecer a ᎦᏃᎡ𝟺 AHAYAH y ellos todos van a prosperar, y ellos todos van hacer baruk. Y El los ayuda a todos ellos, y la luz se aparecerá ante ellos, y El va hacer shalom con ellos. (Yohanan/Juan 1:1-7/3:15-17/ 8:12/14:26-27
Yashayah/Isa 9:1-2/ 27:2-13/53:2-12 Bara'shiyt/Gen 1:4)

9. Lo verán! Adowan ᎦᏃᎡ𝟺 AHAYAH OᎳᏃ YAHSHA ᎦᏃᎡ𝟺 AHAYAH viene con diez miles de Su qadoshim para hacer juicio sobre todos. Y a destruir todos los malvados enemigos de Alohay:

Y para castigar toda carne de todas las obras de suya maldad que ellos han cometido impiamente, y de todas las palabras duras que los malvados transgresores han hablado contra Alohay. (Yahudah/Judah 1:14 Hizzayan/Rev. 1:7-8 Mattithyah/Matt.24:30-31/ Danyal 7:13-14)

2 Observa usted todas cosas que toman su lugar en el shamayim, como ellos no cambian su orbitos, y los luminarios que están en el shamayim, como ellos todos se levantan y puestos en orden cada uno en su debido tiempo y no faltan contra su apuntado orden.

2. Miran a ha aretz y pon le atención a las cosas que van a pasar en ella desde el principio hasta al fin como constantes en fidelidad están como ninguna de las cosas en ha aretz cambian, pero todas las obras de Alohay ᎦᏃᎡ𝟺 AHAYAH aparecen ante usted. (Yashayah 40:26 Baruk 3:32-35)

3. Miren a el verano y el invierno, como la entera aretz está llena de agua, y como las neblinas y roció y lluvia caen sobre ella.

3 Observa usted como en el invierno todos los arboles aparecen como ellos se secan y se marchitan y su follaje derraman, con la excepción de catorce árboles, ellos no pierden su follaje pero mantiene el viejo follaje de dos hasta tres años hasta que venga el nuevo. (Yachezqeal/ Eze. 47:12)

4 Y otra vez observan ustedes como los yomiym del verano como el sol que está arriba ha aretz y sobre de todo en ella. Y usted buscas sombra y refugio por la razón del calor del sol, y ha aretz también quema con ardiente calor, y entonces tú no puedes a caminar sobre ha aretz, o en una piedra por razón de su calor.

5 Observa usted como los árboles se cubren a ellos mismos con verde follaje y dan fruta; donde andas mira y pon atención y conoce con honra a todas Suya obras, y reconozcan como ᴲᙆᴲメ AHAYAH que vive para siempre lo hizo hecho así.

2. Todas las obras de ᴲᙆᴲメ AHAYAH van continuamente así de año a año para siempre, y todos los trabajos que ellos cumplen por Alohay, y Suyas obras no cambian, pero de acuerdo como ᴲᙆᴲメ AHAYAH a ordenado así esta cumplido.

3. Y miren como la mar y los ríos en la misma manera cumplen y no cambian suyos trabajos apuntados de Suyos mandamientos.

4. Pero ustedes – ustedes no han sido constantemente fiel, ni han cumplido los mandamientos de ᴲᙆᴲメ AHAYAH,

Pero tu has rechazado dando la espalda y no la cara desviando te del camino y han hablado con orgullo y palabras injuriosas que ofenden con tus impuras bocas contra la grandeza de ᴲᙆᴲメ AHAYAH.

Ay, de ustedes duros de corazon, ustedes no van a encontrar shalom. (Yashayah 57:21/48:22)

5. Por eso ustedes van a maldecir y condenar tus yomiym, y los años de tu vida van a perecer, y los años de tu destruccion van hacer multiplicados en eterna execracion, y ustedes no van a encontrar ninguna piedad.

6. En esos yomiym ustedes van hacer tus nombres en una eterna maldicion ante todo los yasharim, y por ustedes van todos que maldicen, maldecir. Todos los transgresores que violan la Tor'ah y los impuros enemigos de Alohay van a imprecar por ustedes,

7. para ustedes, los impios enemigos de Alohay, va haber una maldicion.

Y todos los yasharim van a regocijar, y va haber el perdon de las faltas de la Tor'ah, y cada bondad o kesed y shalom y paciencia:

Va haber "YAHSHA" salvacion para ellos, una buena luz. (Yohanan 8:12)

Por todos ustedes malhechores que trangresan la Tor'ah no va haber salvacion, pero sobre ustedes todos va permanecer una maldicion.

Pero para los elegidos va haber una luz y gracia y shalom, y de ellos va hacer herencia ha aretz. (Mattithyah 5:5)

8. Luego entonces va a ser derramado sobre los elegidos sabiduria, (Yoel 2:28)

Y ellos todos van a vivir y nunca mas transgresar la Tor'ah otra vez, por entre impurezas de enemistad contra Alohay o por entre orgullo; Pero ellos que son sabios van hacer humildes.

9. Y ellos no van otra vez a quebrantar la Tor'ah en desobediencia, ni van ellos a ser maldad todos los yomiym de su vida. (1Yohanan 5:18)

Ni van ellos a morir de el qadosh enojo, pero ellos van a cumplir los numeros de los yomiym de suyas vida.

Y suyas vidas van hacer aumentados en shalom, y los años de su felicidad van hacer multiplicados en eterna alegria y shalom todos los yomiym de la vida de ellos.

La Caída de los Nephilim: La Demoralización de Los Hijos de Adam: la Intercesión de los Malakim por Los Hijos de Adam. Los Castigos de Condenado Destinos pronunciado por ᕁᒣᕒᔥ AHAYAH sobre los Nephilim: El Reino Mashiahyim (Mesiánico) (Un fragmento de Noah).

Advertencia! Nephilim caidos cruzados:
Shemoth/Exodo 23:13
"Y nombres de otros poderosos no mencionen, ni se oirá en vuestra boca"

6 Luego vino a pasar cuando los hijos de Adam se habian multiplicado que en esos yomiym les nacieron ante ellos bonitas y hermosas hijas.

2. Y los malakim "nephilim", los hijos del shamayim, miraron y codiciaron atras de ellas, y dijeron a uno al otro: "Vamos, dejanos tomar para nosotros esposas de entre los hijos de Adam y naceran a nosotros hijos."

3. Y ~~semjaza~~ (la serpiente) quien era su capitan, dijo a ellos: "yo temo que ustedes no van a seguramente estar de acuerdo a hacer esta obra, y yo solo voy a tener que pagar el castigo de una grande maldad de transgresar la Tor'ah."

4. Y ellos todos le contestaron a ese y dijeron: "Vamos nosotros todos a jurar un juramento y todos a ser atados por haber hecho de acuerdo juntos en maldicion de anathema sobre eso a no abandoner este plan pero a hacer esta cosa."

5. Luego entonces juraron ellos todos y se habian atados ellos mismos por un hecho de acuerdo juntos en comun maldiciones de anathema sobre eso.

6. Y ellos eran doscientos entre todos; que en "la caida del shamayim" vinieron en esos yomiym de Yared en el cumbre de Monte Hermon, y ellos llamaron alli Monte Hermon por que ellos habian hecho un juramento y se ataron ellos mismos por

haber decedido juntos en un hecho de acuerdo en comun maldiciones de anathema sobre el. (Bara'shiyt/Gen 6:1-7)

7. Y estos son los nombres de suyos jefes; ~~semiazaz~~, su capitán de ellos, ~~arakiba, rameel, kokabiel, tamiel, ramiel, danel, ezeqeel, baraqijal, asael, armaros, batarel, ananel, zaqiel, samsapeel, satarel, turel, jomjael, sariel~~. 8. Estos son suyos jefes de diezes.

7 Todos los otros juntos con ellos se tomaron a ellos mismos esposas, y cada uno escogió una, y ellos comenzaron a irse adentro de ellas y a profanar se ellos mismos con ellas, y ellos les ensenaron a ellas brujeria y encantamientos de hechiceria, y el cortando de raizes, y las dieron a conocer las plantas.

2. Ellas quedaron embarazadas, y a ellas les nacieron grande gigantes nephilim, que su altura era de tres ells:

3. Que consumieron todas las reservas de almacenar de los hijos de Adam, y cuando los hijos de Adam no podian mas a sostener los a ellos,

4. Los gigantes nephilim se voltearon contra ellos y consumieron a los hijos de Adam.

5. Y ellos comenzaron a transgresar la Tor'ah en maldad contra pájaros, y bestias, y reptiles, y pescados, y a devorarse la carne al uno al otro, y a tomar la sangre. (Lev. 17:10)

6. Luego ha aretz levanto acusación contra los renegados de la Tor'ah. (Bara'shiyt/Gen 6:11)

8 Y ~~azazel~~ (la serpiente) enseño a los hijos de Adam a hacer forjadas espadas, y navajas, y escudos, y corazas de armadura, y hizo a concocer a ellos los fierros de ha aretz y el arte de forjando y trabajando los, y brazaletes, y ornamentos de adorno, y el uso de antimonio, y el embellecimiento de los parpados do ojos, y todas clases de piedras preciosas, y toda tintura de colorante.

2. Y se levanto en aumento mucha infidelidad en desobedencia contra ᙭ᒣᗡᘓ AHAYAH, y ellos cometieron fornicacion, y ellos

estaban dirigidos a llevarse a desviar a perdicion, y se volvieron corrompidos en todos suyos caminos de ellos.

3. ~~Semjaza~~ enseño encantamientos de brujeria, y el cortando de raizes, ~~armaros~~ el resolver de encantamientos de hechiceria, ~~baraqijal~~ enseño astrologia, ~~kokabel~~ las constelaciones, ~~ezeqeel~~ la ciencia de las neblinas, ~~araqiel~~ las señales de ha aretz, ~~shamsiel~~ las señales del sol, y ~~sariel~~ el curso de la luna.

4. Y cuando los hijos de Adam perecieron, ellos lloraron en lamentos, y las lamentaciones de ellos fueron subiendo arriba al Shamayim...

9 Y luego Miykahyal, Uriyal, Rafahyal, y Gabriyal miraron para abajo desde el Shamayim y vieron mucha sangre que se estaba haciendo derramada sobre ha aretz, y toda desobedencia en maldad contra la Tor'ah de ᗅᘎᗅᐟ AHAYAH que se estaba haciendo hecho sobre ha aretz. (Habaquq 2:17 Bereshiyt/Gen 6:5-13)

2. Ellos decian a uno al otro: "Ha aretz hecho con ningún habitante llora la voz de suyas lamentaciones hasta arriba a las puertas del Shamayim.

3. Y ahora para ti los qadoshim del Shamayim, las almas de los hijos de Adam hacen su queja en suplica, diciendo, "Trae a presentar nuestra causa ante Alohay Shadd AHAYAH."
(Luqas 18:7)

4. Ellos decian a Alohay ᗅᘎᗅᐟ AHAYAH que reina sobre las épocas de tiempos: "Adowan de Adowanim, Alohay de alohiym, Melak ha melakim y Alohay de las edades, el trono de Tu Shakanah esta levantado permaneciendo ante todas las generaciones de las épocas, y Tu Nombre Qadosh y lleno de Majestad y Baruk ante todas las edades!

5. Usted ᗅᘎᗅᐟ AHAYAH haz hecho todas las cosas, y poder sobre todas cosas tiene Usted ᗅᘎᗅᐟ AHAYAH: y todas cosas están desnudo y a descubierto ante Tu vista, y todas cosas Usted mira, y nada se puede esconderse de Ti. (Ivriym/Heb 4:13/ Mattithyah 10:26)

6. Usted mira lo que ~~azazel~~ (la serpiente) a hecho, que a enseñado toda la maldad en ha aretz y a revelado los eternos secretos que estaban preservados en el Shamayim, que los hijos de Adam estaban esforzandose a aprender:

7. Y ~~semjaza~~ (la serpiente), a quien Usted haz dado encargo de authoridad a soportar dominio sobre suyo asociados.

8. Ellos han ido a las hijas de Adam sobre ha aretz, y se han acostado con las mujeres, y se han profanado en polucion a ellos mismos, y an revelado a ellas toda clase de maldades de transgresar la Tor'ah.

9. Y a las mujeres les a nacido gigantes nephilim, y por eso todo ha aretz a estado lleno de sangre y corrupcion. (Bereshiyth/Gen 6:3 / Debarim/Dt.2-3/Numeros 13/Yahosha/Josue 10/1 Sam. 17)

10. Y ahora, miras en vista, las almas de esos que han muerto estan llorando en lamentacion y hacen demanda por su causa en suplica a las puertas del Shamayim, y suyas lamentaciones han ascendido: y no pueden terminar por que de las obras renegadas con ninguna Ley que estan cometidas en ha aretz.

11. Y Usted sabe toda cosas antes que vienen a pasar, y Usted ves estas cosas y Usted si lo sufres aguantando los a ellos, y Usted no nos dice a nosotros que debemos hacer a ellos en respuesta perteneciendo a estos."

10
Luego dijo Alohay Shadd AHAYAH, Qadosh y Unico Grande ヨュヨメ AHAYAH hablo, y envio Uriyal a el hijo de Lamech, y le dijo a el:

2. "Ve a Noah y dile en Mi Nombre "Escondate!", y revela le a el, el fin que viene acercandose: que la entera aretz va hacer destruida, y un diluvio va a venir sobre toda ha aretz, y va a destruir todo lo que esta en ella.

3. Ahora instruye lo a el, para que el pueda escapar y suya semilla pueda ser preservada por todas las generaciones de ha aretz."

4. Y otra vez ᎮᏃᎮᎩ AHAYAH le dijo a Rafahyal: "Amarra atado ~~azazel~~ (la serpiente) manos y pies, y arroja lo a el adentro la oscuridad y haz una entrada en el desierto, que esta en Dudael, y arroja lo alli adentro.

5. Y ponga sobre ese duras y filosas piedras, y cubre lo con oscuridad, y deja lo habitar alli para siempre, cubre su cara para que el no pueda ver la luz.

6. Y en ese yom de el gran juicio el va a ser arrojado adentro del fuego. (Hizzayan/Revelacion 9:14/ 20:10)

7. Y sanar ha aretz qual los nephilim han corrompido, y proclaman la sanacion de ha aretz, para que ellos puedan sanar la plaga, y que todos los hijos de Adam no puedan perecer por todas las secretas cosas que los nephilim observadores han revelado y han enseñado a suyos hijos.

8. Toda ha aretz ha sido corrompido por las obras que estaban enseñadas por ~~azazel~~: a el atribuye toda maldad de transgresar la Tor'ah." (Wayiqra/Levi.16:10-21/MattithYah 25:31-46)

9. A Gabriyal dijo ᎮᏃᎮᎩ AHAYAH: "Procede contra los bastardos y los reprobados, y contra los hijos de fornicacion: y destruye los hijos de fornicacion y los hijos de los nephilim de entre los hijos de Adam: y causa los a ellos a ir adelante: envia los uno contra el otro para que ellos puedan destruirse uno al otro en batalla: por que la medida de largos yomiym de vida ellos no van a obtener. (Hizziyan/Revelacion 9:14)

10. Y ninguna peticion que ellos suyos padres hacen para ti va hacer permitido a concederse a suyos padres de parte de ellos; por que ellos esperan a vivir una eterna vida, y que cada uno de ellos puedan vivir quinientos años."

11. Y ᎮᏃᎮᎩ AHAYAH dijo ante Miykahyal: "Ve, amarra atado ~~semjaza~~ y suyo ascociados que han unido se ellos con las mujeres y llegaron hasta profanarse ellos con ellas en todos su impurezas.

12. Y, cuando suyos hijos se han asesinados en matanzas al uno al otro, y ellos han visto la destruccion de suyos amados, amarra los atados a ellos por setenta generaciones en los valles de ha aretz, hasta el yom de su juzgamiento y de su cumplimiento, hasta que el juicio que es para siempre y siempre esta cumplido.

13. En esos yomiym los van a llevar a ellos al abismo de ardiendo llamas de fuego: y a el tormento y la prision en que ellos van hacer encerrados en para siempre. (Hiz./Rev.20:7-10)

14. Y quien quiera que va hacer condenados y destruidos van de alli para adelante a ser atados juntos con ellos hasta el fin de todas las generaciones. (MattithYah 25:41)

15. Destruye todos los ruahoth reprobados condenados, y los hijos de los nephilim, por que ellos han hecho mal a los hijos de Adam.

16. Destruye toda la maldad de la superficie de ha aretz, y que cada obra de maldad venga a su fin y deja permitir que la planta de yashar y verdad a aparecer: y ella va a ser comprobado que es una barekah: las obras de yashar tzadok y verdad van a ser plantadas en verdad y alegria para siempre y siempre.

17. Luego todos los yasharim van a escapar, y van a vivir hasta que les a nacido miles de hijos y hijas, y todos los yomiym de su juventud y su anciano edad van ellos a cumplir en shalom.

18. Y luego toda ha aretz entera va a ser trillado para cultivar en tzadok, y va hacer todo plantado con arboles y a ser llenos de barekah.

19. Y todo los deseables arboles van a ser plantados en ella, y ellos van a plantar viñas de la vid en ella: y la viña que ellos plantan en ella va producir vino en abundancia, y por toda la semilla que esta sembrada en ella cada medida de ella va producir un mil, y cada medida de olivos va producir diez prensas de aceite.

20. Limpia Usted ᕽᒳᕽᐟ AHAYAH ha aretz de toda opresion, y de toda maldad, y de toda desobedencia que transgresa la Tor'ah, y de todos los enemigos de Alohay ᕽᒳᕽᐟ AHAYAH: y todas las impurezas pervertidas que estan hechas sobre ha aretz destruye lo de la superficie de ha aretz.

21. Todos los hijos de Adam van a volverse yashar, y todas las naciones van a ofrecer barekah en alabanzas y van a cantar a ᕽᒳᕽᐟ AHAYAH en tehilim, y van a postrarse a adorar Me.

22. Y ha aretz va hacer limpiada de toda las profanadas impurezas y de toda desobedencia que transgresa la Tor'ah, y de todo castigo, y de todo tormento, y YO ᕽᒳᕽᐟ AHAYAH voy nunca mas otra vez mandar los sobre ella de entre generacion a generacion y para siempre. (Miykah 4:1-7)

11 En esos yomiym YO ᕽᒳᕽᐟ AHAYAH voy a abrir las reservas de almacena de barekah que estan en el Shamayim, para que se puedan enviar para abajo sobre ha aretz sobre la obra y trabajo de los hijos de Adam.

2. Y verdad y shalom van a ser asociados juntos por entre todos los yomiym de ha aretz y entre todas las generaciones de Adam."

La Hizzayan Sueño Revelacion de Hanok:
Su Intercesion por azazel (la serpiente) y los Caidos Nephilim: y su Proclamacion de Declaracion a ellos de suyo Primero y Ultimo Castigo.

12 Antes de estas cosas Hanok estaba ocultado y ninguno de los hijos de Adam tenian conocimiento donde estaba ocultado, y donde el estaba habitando, y que habia pasado hacerse de el.

2. Suyo actividades tenian que ver con los malakim observadores, y suyo yomiym estaban con los qadoshim. 3. Y Yo, Hanok estaba en barekah a ᕽᒳᕽᐟ AHAYAH Adowan de Majestad y Melak de las epocas de tiempo, y oi! los malakim me llamaron- Hanok el escriba y me decian a mi: 4. Hanok, usted

escriba de yashar, ve declara a los nephilim malakim de el shamayim que han abandonado el Shamayim de shamayim, el qadosh eterno lugar, y se han profanado ellos mismos con las mujeres, y han hecho como los hijos de Adam hacen, y tomaron ante ellos esposas de aquellas que les gustaban: "Tu has hecho grande destruccion sobre ha aretz: 5. Y para ti no hay shalom ni perdon de la maldad de transgresar la Tor'ah: y en eso tanto como ellos se complacen de alegria ellos mismos en suyos hijos. 6. La matanza de suyos amados van ellos a ver, y sobre la destruccion de suyos hijos van ellos a lamentar, y van hacer suplicas hasta eternidad, pero piedad y shalom ustedes no obtendran."

13 Hanok fue y dijo: "~~azazel~~ (la serpiente), tu no tendras shalom: una severa sentencia a salido adelante contra ti para poner te en ataduras amarrado: 2. Y usted no va a tener tolerancia ni peticion permitido a ti, por que de la maldad que tu has enseñado, y por que de las obras impias de enemistad contra Alohay y corrupcion y desobedencia que transgresa la Tor'ah que tu has enseñado a los hijos de Adam."

3. Luego Yo fui y hable a todos de ellos juntos, y ellos estaban todos con miedo, y temor y temblando los apodero deteniendo los a ellos. 4. Y ellos me buscaron a mi a escribir una peticion por ellos para que ellos les pudiera a considerar a encontrar perdon, y a leer suya peticion en la presencia del Melak del Shamayim. 5. De alli en adelante ellos no podian a hablar con Alohay ᴀʜᴀʏᴀʜ AHAYAH ni levantar arriba suyos ojos al Shamayim por vergüenza de su desobedencia de maldades de transgresar la Tor'ah por lo que ellos habian estado condenados. 6. Luego Yo escribi suya peticion y la suplica en pertenencia a suyos ruahoth y suyas obras individualmente y en respeto de suyas peticiones para que ellos puedan a tener perdon y larga medida de yomiym. 7. Yo fui y me sente en las aguas de Dan, a el sur de la oeste de Hermon: Yo lee suyos peticiones hasta que Yo me cai

en sueño dormido. 8. Y mire en vista un sueño revelacion en un hizzayan que venia a mi, y visiones en hizzayan cayo para abajo sobre mi, Yo mire visiones en un hizzayan de castigo, y una voz que venia a mandar me a decir les a los hijos del Shamayim, y a reprender los a ellos. 9. Cuando Yo me desperte, Yo vine ante ellos, y estaban todos sentados reunidos juntos, llorando en Abiljail, que esta en medio de Lebanon y Seneser con suyas caras cubridas. 10. Yo reconte ante ellos todas las visiones que Yo habia mirado en mi sueño dormiendo en una hizzayan y Yo comenze a hablar las palabras de yashar, y a reprender a los nephilim observadores del Shamayim.

14
El libro de las palabras de yashar tzadok, y de la reprenda de los eternos malakim nephilim en acuerdo con el mandamiento de Alohay Qadosh Shadd ᴎℤᴎ𐤟 AHAYAH, en esa vision de la hizzayan.

2. Yo mire en mi sueño hizzayan dormiendo lo que Yo voy ahora decir con una lengua de carne y con el respiro de mi boca, Que Alohay Shadd ᴎℤᴎ𐤟 AHAYAH habia dado a los hijos de Adam para conversar con y entender con la alma.

3. Como Alohay ᴎℤᴎ𐤟 AHAYAH ha creado y dado al Adam con el poder de entendimiento la palabra de sabiduria, y Alohay ᴎℤᴎ𐤟 AHAYAH me a creado a mi tambien y dado me el poder de reprender a los nephilim, los hijos del Shamayim.

4. Yo escribi tu peticion, y en mi vision en una hizzayan se aparecio asi, que tu peticion no va hacer aprobado ante ustedes entre todos los yomiym de eternidad, y que juicio ha estado finalmente pasado en ti: y tu peticion no va hacer permitido a ustedes.

5. Y de ahora en adelante tu no vas a ascender a entrar en el Shamayim, ante toda la eternidad, y atados a ha aretz el decreto a estado mandado adelante para atar te encadenado por todos los yomiym de ha aretz.

6. Y que anteriormente tu vas a ver la destruccion de tus amados hijos y tu no vas a tener placer en ellos, pero ellos van a caer ante ti por la espada.

7. Tus peticiones de parte de ellos no van a conceder lo ni de ante ti: aun que hasta tu llores y haces peticion y hablas todas las palabras contenido en escrito que Yo a escribido.

8. La vision en hizzayan estaba enseñado a mi asi: Mire en vista, en la hizzayan-vision la shakanah en neblina me invito y una densa neblina me llamo a convocar, y el curso de los luminarios de los firmamentos y los relampagos pasaron volando en velocidad y me hizo apresurar rapido, y los vientos en la vision-hizzayan me causo a volar y me levanto para arriba a ascender, y me cargo llevando me adentro del Shamayim.

9. Yo fui llevado hasta que Yo entre a arrimar me a una muralla que estaba construido de cristales y rodeado alrededor por lenguas de fuego: y eso comenso a espantar me.

10. Y Yo fui adentro las lenguas de ardiendo fuego y me arrime a una grande casa que estaba construido de cristales: y las murallas de la casa estaban como tesolado recubierto en el piso hecho de cristales, y su construccion de suyo base era de cristal.

11. Suyo techo era como el camino de los luminarios de los firmamentos y los relampagos, y entre medio de ellos estaban ardiente cherubim, y suyo shamayim estaba claro como agua.

12. Una llama de fuego ardiendo rodeaba alrededor de las murallas, y suyos portales ardian quemando con lumbre.

13. Yo entre adentro la casa, y estaba caliente como lumbre y frillo como hielo: no habian placeres de la vida adentro de alli: temor me cubrio, y temblando me apodero detuviendo me a mi.

14. Y cuando Yo estremecia y temblaba, Yo me cai en mi cara rostro en el suelo y Yo mire una hizzayan-vision,

15. Y mire! habia una segunda casa mas grande de la que estaba anterior, y el entero portal se levanto para arriba abierto ante mi, y estaba construida de ardiendo llamas de fuego.

16. Y en todo respecto esto superaba en esplendor y majestad magnificante y extension que Yo no puedo a describir lo a usted suyo esplendor y suyo extension.

17. Suyo piso era de fuego ardiendo, y arriba sobre eso estaban relampagos y el camino de los luminarios de los firmamentos, y suyo techo tambien era de ardiendo llamas de lumbre.

18. Y Yo mire y vi alli adentro un alto en elevacion trono: su aparencia era como de cristal, y las ruedas alli eran como el sol brillando, y alli estaba la hizzayan-vision del cherubim.

19. Y de abajo del trono venia arroyos en corriente de ardiendo llamas de fuego hasta que Yo no podia mirar sobre alli.

20. Y la Grande Shakanah de ᴣᴢᴣ⅄ AHAYAH se sento encima de alli, y Suyo rostro de esplendor aparecia mas brilloso que el sol y estaba mas blanco que cual quiera nieve.

21. Ninguno de los malakim podia a entrar y podian a ver Suya cara por razon de magnificancia y majestad, y ninguna carne puede a ver Alohay ᴣᴢᴣ⅄ AHAYAH.

22. Las ardiendo llamas de fuego estaban alrededor rodeado ante Alohay, y una grande lumbre de fuego se levantaba ante ᴣᴢᴣ⅄ AHAYAH, y nadien alrededor podia arrimarse a Alohay ᴣᴢᴣ⅄ AHAYAH: diez mil mas diez miles estaban de pie ante Alohay ᴣᴢᴣ⅄ AHAYAH, aun no necesitaba concejal.

23. Y los mas qadoshim que estaban cercas a El no se salian por noche ni se apartaban de El.

24. Hasta ese momento Yo habia estado prosternado de rodillas en mi cara, temblando: y Alohay ᴣᴢᴣ⅄ AHAYAH ⅄Wᴞ ASHAR ᴣᴢᴣ⅄ AHAYAH me llamo con Su propia boca, y me dijo: "Ven aqui, Hanok, y escucha Mi palabra."

25. Y uno de los qadoshim llego a mi y me desperto, y el me hizo levantar para arriba y arrimar me a la puerta: y Yo me postre en reverencia con mi cara hacia abajo.

15
Y Alohay ᒣᒕᒣ𐤗 AHAYAH respondio y me dijo y Yo escuche Su voz: 'No temes, Hanok, usted tzadok adam y escriba de yashar: ven aqui acercate y escucha Mi voz.

2. Y ve, diles a los nephilim observadores del shamayim, quien te han enviado a ti a interceder por ellos: "Ustedes deberian a interceder para adam, y no adam para ti:

3. Por que han ustedes abandonado lo alto, qadosh, y eterno Shamayim, y han acostadose con mujeres, y han profanado se ustedes mismos con las hijas de adam y han tomado ustedes esposas, y hacen como los hijos de ha aretz, y a nacido gigantes nephilim como tus hijos.

4. Aun que ustedes eran qadosh, ruah (espiritual), viviendo la eterna vida, ustedes se han profanado a ustedes mismos con la sangre de las mujeres "(las hawwah o evas)," y han nacido hijos con la sangre de carne, y, como los hijos de Adam, han deseado con codicia sobre carne y sangre como esos tambien hacen que mueren y perecen.

5. Por eso les a YO dado a ellos esposas tambien para que ellos puedan embarazar las a ellas, y que naciera hijos por ellas, para que nada pueda faltar les a ellos en ha aretz.

6. Pero ustedes eran antes anteriormente espiritual, viviendo la vida eterna, y inmortal por todas las generaciones de ha aretz.

7. Y por eso YO no habia apuntado esposas para ustedes: por que por los espirituales del Shamayim, en el Shamayim es su morada. (Mattithyah 22:29-32)

8. Y ahora, los gigantes nephilim, quien estan producidos de ruahoth y carne, van a ser llamados malos ruahoth sobre ha aretz, y en ha aretz va hacer su morada.

9. Malos ruahoth han procedido de suyos cuerpos; por que ellos han nacido de adam, y de los nephilim observadores es suyo

principio y primero origen ellos van a ser malos ruahoth en ha aretz, y malos ruahoth van ellos ser llamados.

10. En cuanto por los ruahoth del Shamayim, en el Shamayim va a ser suya morada, pero los ruahoth de ha aretz que estaban nacidos en ha aretz, sobre ha aretz va a ser suyas moradas.

11. Y los ruahoth de los gigantes nephilim afligen, oprimen, destruyen, atacan, y hacen guerra, y obran destruccion sobre ha aretz, y causan problemas de maldad: ellos no se toman comida, pero de todas maneras tienen hambre y sed, y causan ofensas.

12. Y estos ruahoth van a levantarse arriba contra los hijos de adam y contra las mujeres, por que ellos proceden de ellas.
(Mattithyah 8:28-32/17:19-21)

16 Desde los yomiym de la matanza y destruccion y muerte de los nephilim gigantes, de las almas de quien carne los ruahoth, habian salido adelante, van a destruir con no contraer juicio- asi de esta manera van ellos destruir hasta el yom de la que se cumple en consumacion, el gran juicio en que la edad va a ser cumplido sobre los nephilim observadores y los enemigos de Alohay, si ustedes, van a ser completamente consumados."
(Hizzayan/Revelacion 9:1-21/ 19:11-21/ 20:7-10)

2. Y ahora a los nephilim quien han enviado a usted para interceder por ellos, quien habian estado en tiempo antiguo en el Shamayim, diles a ellos: 3. "Tu estabas en el Shamayim, pero aun todos los misterios no habian todavia hacido revelado a ti, y tu conocias las que no tenian ningun valor, y estos en el duro de tu corazones tu lo has hecho a conocer a las mujeres, y por estos misterios mujer y adam obran mucha maldad en ha aretz."

4. Diles a ellos por eso: "Para ti no hay shalom." (YashaYah 48:22)

El viaje de Hanok por ha Aretz y Sheol.
El Primer Viaje.

17 Ellos me llevaron y me traeron a un lugar en que esos quien estaban alli eran como llamas de fuego, y cuando ellos deseaban, ellos aparecian como adam.
2. Y ellos me traeron a un lugar de oscuridad y a una montaña la punta del cumbre alcansaba hasta el Shamayim.
3. Yo mire las reservas de tesoros de los luminarios de los firmamentos y del trueno, y en lo mas fondo de profundidad, donde estaba un arco de llamas en fuego y flechas y suya aljaba, y una espada en llamas de fuego y todos los relampagos.
4. Y me llevaron a las aguas de la vida, y a la lumbre del oeste, que recibe cada vez que el sol a puesto para abajar a atardecerse.
5. Yo vine a un rio de fuego en donde la lumbre corre como agua y se descarga adentro el grande mar que esta para el oeste.
6. Y Yo mire los grandes rios y vine a el grande rio y a la gran oscuridad, y fui a el lugar donde ninguna carne camina.
7. Yo mire las montañas de oscuridad del invierno y el lugar de donde todas las aguas de el hondo corren su corriente.
8. Yo mire las bocas de entradas de todos los rios de ha aretz y las bocas de entrada de las honduras.

18 Yo mire las reservas de tesoros de todos los vientos: Yo mire como ꓱ꓾ꓱꓮ AHAYAH habia puesto con ellos a la entera creacion y la firmeza de las bases de ha aretz. 2. Y Yo mire la piedra angular de ha aretz: Yo mire los quatro vientos que cargan sosteniendo ha aretz y los firmamentos del shamayim. 3. Y Yo mire como los vientos se estiran afuera de las reservas del shamayim, y tienen suya estacion puesto entre el shamayim y ha aretz estos son los pilares de el shamayim. 4. Yo mire los vientos del shamayim que voltean y traen la circunferencia del sol y todos los luminarios del firmamento a suyos puestos. 5. Yo mire los vientos en ha aretz llevarse cargando las densa

nubados de humo de arriba: Yo mire el camino de los malakim mensajeros de ᎯᏃᎦᎩ AHAYAH: Yo mire a el fin de ha aretz el firmamento del shamayim arriba. 6. Y Yo procedi y mire un lugar que quema yom y noche, donde estan las siete montañas de esplendidas preciosas piedras, tres van hacia al este, y tres van hacia al sur. 7. Y en cuanto por esos que estaban hacia al este una era de piedra de colores, y una de perla, y otro de jacinto, y esos que estan hacia al sur son de piedra roja.
8. Pero la de en medio alcansaba hasta al shamayim como el trono de Alohay ᎯᏃᎦᎩ AHAYAH: de alabastro y el cumbre del trono era de safiro. 9. Y Yo mire lumbre ardiendo en llamas. Y mas para alla de estas montañas 10. Esta una region, el fin de la gran aretz: alli los shamayim estaban cumplidos. 11. Y Yo mire un hondo abismo, con columnas de fuego cayendo, que estaban mas de que se puede medir de igual hacia la altura y hacia a el hondo. 12. Y mas alla de ese abismo Yo mire un lugar que no tenia firmamento de el shamayim arriba, y ningun firme fundado base de aretz debajo de ella: no habia agua sobre ella, y ningunos pajaros, pero era un lugar horrible y de basura desdechado.
13. Y Yo mire alli siete luminarios del firmamento como grandes montañas quemando, y de mi parte, cuando Yo pregunte sobre de ellos, 14. El malak dijo: "Este lugar es el fin del shamayim y ha aretz: esto se a volvido una prision para los luminarios de los firmamentos y los ejercitos del shamayim.
15. Y los luminarios que dan vuelta sobre la lumbre en llamas de fuego son ellos que han transgresado el mandamiento de el Adowan ᎯᏃᎦᎩ AHAYAH en el principio de suyo nacimiento, por que ellos no vinieron adelante en suyos tiempos apuntados.
16. Alohay ᎯᏃᎦᎩ AHAYAH estaba enojado con ellos, y los amarro atados a ellos hasta el tiempo cuando su culpa va a ser consumado completo hasta por diez mil años."
(Barashiyt/Gen 1:1-7 Luqas 10:18 Hizziyan/Rev 9:13-21)

19 Uriyal me dijo a mi: "Aqui van a pararse de pie los malakim nephilim quienes se han conectado asi mismos con las mujeres, y suyos ruahoth, asumiendo muchas diferentes formas, estan profanando los hijos de adam, y van a dirigir los a ellos extraviados a hacer los a sacrificar a malditos malos ruahoth como poderosos, aqui ellos se van a parar de pie, hasta el yom de el gran juicio en que ellos van a ser juzgados hasta que ellos estan hechos a un fin.

2. Y las mujeres tambien de los nephilim malakim que fueron extraviadas a perdicion van a volverse sirenas." 3. Y Yo, Hanok, solo mire la hizzayan-vision, a el final de todas cosas: y ningun adam va a ver como Yo ha visto.

Nombres y Funciones de los Siete Malakim Capitanes.

20 Estos son los nombres de los qadosh malakim que vigilan.

2. Uriyal, uno de los qadosh malakim, que esta puesto encargado sobre ha aretz, y sobre Sheol. 3. Rafahyal, uno de los qadosh malakim, que esta sobre los ruahoth de los hijos de Adam. 4. Ragual, uno de los qadosh malakim quien lleva venganza sobre el mundo de los luminarios. 5. Miykahyal, uno de los qadosh malakim, a cual, el esta puesto sobre la mejor parte de los hijos de adam y sobre la confusion o desorden.

6. Saraqaal, uno de los qadosh malakim, que esta puesto sobre la ruahoth, que transgresan la Tor'ah en la ruah. 7. Gabriyal uno de los qadosh malakim, que esta puesto sobre el Paraiso y los serpientes y el cherubim.

8. Remial, uno de los qadosh malakim, que Alohay ᴴᵂᴴᵞ AHAYAH puso sobre esos quien se levantan a ascender.

El Segundo Viaje de Hanok.
Preliminares y Final Lugar de Castigo de los Caido Nephilim Malakim (luminarios).

21 Yo procedi a donde estaban confusion y oscuridad.

2. Y Yo mire alli alguna cosa horrible: Yo mire ni el shamayim arriba ni una firme fundada aretz, pero un lugar de confusion en oscuridad y horrible.

3. Y alli Yo mire siete luminarios del shamayim atados juntos alli adentro, como grandes montañas y quemando en fuego.

4. Luego Yo dije: "Por cual maldad de transgresar la Tor'ah estan ellos atados, y por cual cuenta han ellos estado arrojados adentro de alli?"

5. Luego dijo Uriyal, uno de los qadosh malakim, quien estaba conmigo, y era jefe sobre ellos, y dijo: "Hanok, por que hace usted pregunta, y por que esta usted con tanto anhelo por la verdad?

6. Estos son de el numero de los luminarios del Shamayim que han transgresado el mandamiento de Alohay אהיה AHAYAH, y estan atados alli hasta por diez mil años, el tiempo fijado por suya maldad de transgresion, son cumplidos."

7. Y de alli Yo fui a otro lugar, que estaba mas horrible que lo anterior, y Yo mire una horrible cosa: una grande lumbre alli que quemaba y ardiendo en llamas, y el lugar estaba quebrada en una grieta como de lejos como el abismo, estando lleno de grandes columnas descendiendo de fuego ardiendo: ni su medida de extension o magnitude de profundidad pude Yo a ver, ni pude Yo a suponer.

8. Luego Yo dije: "Que temeroso es este lugar y que terrible es a mirar lo!"

9. Luego Uriyal me contesto, uno de los qadosh malakim que estaba conmigo, y me dijo a mi: "Hanok por que has tenido tanto temor y miedo?" Y Yo conteste: "Por que de este temeroso lugar, y por que de el espectaculo de el dolor." 10. Y el me dijo a

mi: "Este lugar es la prision de los nephilim, y aqui ellos van a ser imprisionados para siempre."

Sheol o El Mundo de Abajo de ha Aretz.

22 Luego Yo fui a otro lugar, y el me demostro en el oeste otra grande y alta montaña y de piedra dura.

2. Y alli estaba quatro hueco lugares adentro de ella, hondos y anchos y bien llanos: tres de ellos estaban oscuros para mirar y una brillante; y habia una fuente de agua entre medio de ella. Y Yo dije: "Que tan llano estan estos hueco lugares, y hondo y oscuro a ver."

3. Luego Rafahyal contesto, uno de los qadosh malakim que estababa conmigo, y me dijo a mi: "Estos hueco lugares han estado creado por este exacto proposito, para que la ruahoth de las almas de los muertos se puedan asemblar alli adentro, si para todas las almas de los hijos de adam que se puedan a asemblar aqui. 4. Y estos lugares han estado hechos para recibir a ellos hasta el yom de suyo juicio y hasta suyo apuntado tiempo hasta el tiempo fijado, hasta el gran juzgamiento que viene sobre ellos."

5. Yo mire las ruahoth de los hijos de adam que estaban muertos, y su voz fue adelante para el Shamayim y hacian suplica. Y Yo mire la ruah de un adam que habia muerto (cruzo al otro lado a descansar con suyo antepasados) estaba haciendo suplica, y su voz fue adelante a el Shamayim y hacia suplica. 6. Luego Yo pregunte a Rafahyal el malak que estaba conmigo, y Yo le dije a el: "Esta ruah quien es el que su voz va adelante y hace suplica al Shamayim?"

7. Y el me contesto a mi diciendo: "Este es la ruah que va adelante de AbiYal (Abil), quien su hermano Cain mato, y el hace su suplica contra el hasta que suya semilla esta destruida de la superficie de ha aretz, y suya semilla esta eliminado de entre la semilla de los hijos de Adam." (Mattithyah 23:35) 8. Luego

Yo pregunte sobre de todos los hueco lugares: "Por que estan separados de uno al otro?"

9. Y el me contesto a mi diciendo: "Estos tres estaban hechos para que los ruahoth de los muertos puedan a ser separados. Y una tal division a estado hecho por los ruahoth de los tzadokim, en que esta alli una brillante manantial de agua.

10. Y estos tal estan hecho por los transgresores que "transgresan la Tor'ah" cuando ellos mueren y estan sepultados en ha aretz y juzgamiento no a estado ejecutado sobre ellos en suyo tiempo de vida.

11. Aqui suyos ruahoth van a ser puestos aparte en este grande dolor, hasta el gran yom del juzgamiento y castigo y tormenta de esos malcedidos que maldicen para siempre, para que pueda a ver castigo merecido por suyos ruahoth. Alli Alohay ᗅᘗᗅᐯ AHAYAH va atar los a ellos para siempre.

12. Y una tal division a estado hecho por los ruahoth de ellos que hacen suya suplica, que hacen revelar sobre de suya destruccion, cuando ellos estaban asesinados en los yomiym de los malhechores que transgresan la Tor'ah. (Luqas 16:26)

13. Y tal a estado hecho por los ruahoth de hijos de adam que no eran yashar pero malhechores que transgresan la Tor'ah, que son enemigos de Alohay, que estaban completemente en transgresion desobedientes a la Tor'ah, y de los transgresores renegados ellos van a ser suyos compañeros: pero suyos ruahoth no van a ser asesinados en el yom del juzgamiento ni van ellos a ser levantados de alli en adelante."

14. Luego Yo en barekah en rodillas comense adorar al Adowan de la Shakanah y dije:

"Baruk (alabado) sea mi Melak ᗅᘗᗅᐯ AHAYAH Baruk sea Alohay ᗅᘗᗅᐯ AHAYAH, Melaki Yashar, que reina para siempre."

La Lumbre que esta de acuerdo con los Luminarios del Shamayim.

23 De alli Yo fui a otro lugar para el oeste de los fines de ha aretz. 2. Y Yo mire una lumbre quemando en llamas que ardia con no descansar, y no paro de su curso en yom o noche pero quemaba ardiendo regularmente. 3. Y Yo pregunte diciendo: "Que es esto que no descansa?" 4. Luego Ragual uno de los qadosh malakim que estaba conmigo, me contesto y me dijo a mi: "Este curso de lumbre que usted a visto es la lumbre en el oeste que persigue a todos los luminarios del Shamayim.

Las Siete Montañas en el Norte-Oeste Y el Arbol de la Vida.

24 Y de alli entonces luego Yo fui a otro lugar de ha aretz, y el me mostro una cordillera de montañas de lumbre que quemaba yom y noche.

2. Y yo fui mas para alla de eso y mire siete magnificante montañas todas diferentes cada una de la otra, y las piedras de alli mismo estaban esplendidas y preciosas, magnificas como todo entera, de majestuoso aparencia y hermoso exterior: tres hacia para el este, una fundada sobre la otra, y tres hacia para el sur, una sobre la otra, y hondo duras quebradas, ninguna de ellas se juntaban una con la otra.

3. Y la septima montaña estaba en el medio de entre estas, y excelaba mas que ellas en altura, apareciendo se un asiento de un trono: y fragante arboles rodeaban el trono.

4. Y entre ellos estaba un arbol tal como yo nunca habia todavia olido, ni tampoco estaba ninguno entre medio de ellos ni habia otros como ese: tenia una fragancia mas que todos sobrepasaba en fragancia, y suyas hojas y brotes de fruta y caña de madera no se secan para siempre: y suya fruta esta hermosa y suya fruta aparece una datil de una palmera.

5. Luego Yo dije: "Que hermoso es este arbol, y fragante, y suyas hojas estan buenas de aparencia, y suya brotes en flor de fruta bien agradable en aparencia.

6. Luego contesto Miykahyal uno de los qadosh y honrado malakim que estaba conmigo, y era suyo jefe capitán.

25

Y el me dijo a mi: "Hanok, por que me hace usted preguntas sobre la fragancia de el arbol, y por que usted desea a aprender la verdad?

2. Luego Yo le conteste a el, diciendo: "Yo deseo a conocer sobre cada cosa, pero especialmente sobre este arbol."

3. Y el contesto diciendo: "Esta alta montaña que usted a visto, que cual cumbre es como el asiento de majestad del Melak Alohay ᴣZᴣⲭ AHAYAH, es SuYo trono, donde Alohay Qadosh Shadd ᴣZᴣⲭ AHAYAH Unico, el Adowan ᴣZᴣⲭ AHAYAH de la Shakanah, Eterno Melak va a sentarse, cuando Alohay va a venir para abajo a visitar ha aretz con kesed.

4. Y de este fragante arbol ningun mortal esta permitido a tocarlo hasta el gran juzgamiento, cuando Alohay ᴣZᴣⲭ AHAYAH va a tomar venganza sobre todo y traer toda cosa a su cumplimiento en consumacion para siempre. Ella luego va a ser dada a los yashar y qadosh. 5. Suya fruta va a ser para comida de los elegidos: ella va a ser transplantada al qadosh lugar al templo de Alohay ᴣZᴣⲭ AHAYAH, Eterno Rey.

6. Luego van ellos a regocijar y se alegraran. Y adentro del qadosh lugar van ellos a entrar; Y su fragancia va entrar en suyos huesos, y ellos van a vivir una larga vida en ha aretz, tal como suyos padres vivieron: y en esos yomiym va ningun dolores de tristeza o plaga o tormento o calamidad a tocar los a ellos. 7. Luego Yo alabe en barekah al Adowan ᴣZᴣⲭ AHAYAH de la Shakanah, al Eterno Rey, que a preparado tales cosas para los yasharim, y creado a ellos y a prometido a dar lo a ellos.

Yahrushalom y las Montañas, Quebradas, y Rios.

26 Luego Yo fui de alli hacia para el medio de ha aretz, y Yo mire un baruk lugar en cual habia arboles con ramas viviendo y brotando en flor de un arbol quebrado en pedazos. 2. Y alli Yo mire una qadosh montaña y abajo la montaña hacia para el este estaba alli un rio de agua fresca y su corriente corria hacia a el sur. 3. Y Yo mire hacia para el este a otra montaña mas alta que esta, y entre ellos un hondo y angosta quebrada: en ella tambien corria un rio abajo la montaña. 4. Y hacia para el oeste alli habia otra montaña, mas baja de que la anterior y de pequeño bajo elevacion, y una quebrada que estaba hondo y seca entre medio de ellos: y otro hondo y seca quebrada estaba a los extremos de las tres montañas. 5. Y todas las quebradas estaban hondos y angostas siendo formadas de dura piedra, y arboles no estaban plantados sobre ellos.

6. Y Yo maraville hacia a las piedras, y Yo maravillaba por que de la quebrada, si, Yo estaba maravillado bien mucho.

El Proposito de el Valle de Maldicion.

27 Luego dije Yo: " Por que proposito es esta baruk tierra, en cual esta enteramente llena de arboles, y este valle de maldicion entre medio?

2. Luego Uriyal, uno de los qadosh malakim quien estaba conmigo, contesto y dijo: "Este valle de maldicion es por esos quien estan maldecidos para siempre: aqui van todos los maldecidos a ser juntados juntos que hablan lanzando con suyos labios contra ꜻꜴꜻꜾ AHAYAH palabras ociosas y de Suya shakanah injuriosas cosas. Aqui van ellos a ser juntados juntos, y aqui va ser suyo lugar de juicio. 3. En los ultimos yomiym va haber sobre ellos el espectaculo de tzadok juicio en la presencia de los tzadokim para siempre: aqui van los compasivos llenos de kesed baruk Alohay ꜻꜴꜻꜾ AHAYAH Adowan AHAYAH de la Shakanah, Eterno Melak.

4. En los yomiym del juicio sobre lo anterior antiguedad, ellos van a baruk a Alohay 𐤀𐤄𐤉𐤄 AHAYAH por la kesed en acuerdo con que cual 𐤀𐤄𐤉𐤄 AHAYAH a apuntado a ellos suya parte. 5. Luego Yo di alabanzas en barekah al Adowan 𐤀𐤄𐤉𐤄 AHAYAH de la Shakanah y puse en adelante Su majestad y Yo alabe a Alohay 𐤀𐤄𐤉𐤄 AHAYAH con honra majestuosamente.

Lejos Viaje a el Este.

28 Y luego Yo fui hacia para el este, adentro entre medio de la cordillera de montañas de el desierto, y Yo mire un lugar con ningún habitante y estaba solitario, lleno de arboles y plantas. 2. Y agua brotaba en torrente saliendo adelante de arriba.
3. Corriendo como un abundante curso de agua que corriente va hacia para el norte-oeste causo neblina y rocio a ascender en cada lado.

29 Y luego Yo fui a otro lugar en el desierto, y arrime acercandome hacia para el este de esta cordillera de montañas. 2. Y alli Yo mire arboles aromaticos espirando la frangancia de halevonah (frankincensio) y myrra, y los arboles tambien estaban aparecidos al arbol de almendra.

30 Y mas para alla de esto, Yo fui lejos a el este, y Yo mire otro lugar, un valle lleno de agua. 2. Y alli adentro habia un arbol, el color (?) de fragante arboles tal como las de chicle resina aromatica. 3. Y en las orillas de esos valles Yo mire fragante qinamomo. Y mas para alla de estos Yo fui a seguir continuando hacia a el este.

31 Y Yo mire otras montañas, y entre ellos estaba entre ellos una huerta de arboles, y de alli brotaba de ellos nectar, que se nombra sarara y galbunum. 2. Y mas para alla de estas montañas Yo mire otra montaña hacia para el este de el fin de ha aretz, de donde estaban arboles de aloe, y todo los arboles estaban llenos de resina de flor, apareciendo como arboles de almendra.

3. Y cuando uno la quemaba a ella, ella olia mas dulce de que cual quiera fragante olor. *(Shemoth/Exodo 30:22-38)*

32 Y despues de estos fragantes olores, mientras Yo mire hacia para el norte sobre las montañas Yo mire siete montañas llenas de fino nardo y fragante arboles y qinamomo y pimienta. 2. Y luego Yo fui sobre las cumbres de todas estas montañas, lejos hacia para el este de ha aretz y pase sobre el mar Erythraean, y fui lejos de ella, y pase sobre el malak Zotiel. 3. Y Yo vine a el Jardin de la Yashar Tzadok, y mire mas para alla de esos arboles muchos grandes arboles creciendo alli y de fragancia buena, grande, bien hermosos y majestuosos, y el arbol de la sabiduria (del conocimiento del bien y del mal), de donde quien qadosh fruta ellos comen y conocen gran sabiduria. 4. Ese arbol es en altura como el abeto (arbol conifero), y suyas hojas son como esos del arbol Algarrobo: y suya fruta es como las ramas de uva de la vid, bien llenos de hermosura: y la fragancia del arbol penetra lejos. 5. Luego Yo dije: "Que hermoso es este arbol, y que atractivo es su vista!" 6. Luego Rafahyal, el qadosh malak que estaba conmigo, me contesto y dijo: "Este es el arbol de sabiduria, de que tu padre anciano en años de edad, y tu madre vieja en edad, que estaban antes de ti, han comido, y ellos aprendieron sabiduria y suyos ojos estaban abiertos, y ellos conocieron que ellos estaban desnudos y ellos estaban expulsados para afuera del jardin." *(Barashiyt/Gen. 3)*

33 Y luego de alli Yo fui a los fines de ha aretz y mire alli grande bestias, y cada uno diferente de el otro: y Yo mire pajaros tambien diferentes en apariencia y hermosura y voz, el uno diferenciando a el otro. 2. Y a el este de esas bestias Yo mire los fines de ha aretz donde el shamayim descansa y los portales del shamayim se abren. 3. Y Yo mire como los luminarios en el firmamento de el shamayim vienen adelante y Yo conte los portales afuera de en que ellos proceden de, y escribi todos suyas salidas, de cada individual luminario por asi mismo, de acuerdo a suyo numero y suyos nombres, suyos cursos y suyos posiciones, y suyos tiempos y suyos meses, como Uriyal el qadosh malak (mensajero de AHAYAH) quien estaba conmigo me enseño todas cosas a mi y las escribio por escrito por mi: tambien suyos nombres el puso escrito por mi, y suyas leyes y suyas compañias. (Baruk 3:33-38/Yashayah 40:26)

Viaje de Hanok hacia para el Norte.

34 Y de alli Yo fui hacia para el norte a los fines de ha aretz, y alli Yo mire un grande y majestuoso instrumento en los fines de toda ha aretz.

2. Y aqui Yo mire tres portales de el shamayim abrir en el shamayim por entre cada uno de ellos salen procediendo vientos del norte: cuando ellos soplan hay frio, granizo, helado, nieve, rocio, y lluvia. 3. Y afuera de un portal ellos soplan para el bien: pero

35 cuando ellos soplan por los otros dos portales, es con violencia y afliccion sobre ha aretz, y ellos soplan con violencia. Y de alli luego Yo fui hacia para el oeste a los fines de ha aretz, y mire alli tres portales de el shamayim abierto como Yo habia mirado en el este, el mismo numero de portales, y el mismo numero de salidas.

El Viaje hacia a el Sur.

36 Y de alli luego Yo fui a el sur hacia para los fines extremos de ha aretz, Yo mire alli tres abiertos portales de el shamayim: y de alli viene rocio, lluvia, y viento.

2. Y de alli Yo fui a el este a los fines del shamayim, y mire aqui los tres portales del este del shamayim abierto y chico portales arriba sobre de ellos.

3. Por cada uno de estos chicos portales pasa los luminarios del shamayim y corren su curso hacia a el oeste en el camino que estaba enseñado a ellos.

4. Y cuantas veces que Yo mire Yo alabe en barekah siempre al Adowan ᄏᄅᄏᄶ AHAYAH de la Shakanah, y Yo continuaba a alabar en barekah al Adowan ᄏᄅᄏᄶ AHAYAH de la Shakanah que a hecho grandes y maravillosas obras, para demostrar la grandeza de Suyas obras a Suyo malakim y a las ruahoth y a los hijos de Adam, para que ellos puedan alabar Suya obras y toda Su creacion: para que ellos puedan ver obras de Suyo poder y alabar las grandes obras de Su manos y alabar en barekah a ᄏᄅᄏᄶ AHAYAH para siempre.

Las Parabolas

37 La segunda hizzayan-vision cual el miro, la hizzayan-vision de sabiduria que Hanok, el hijo de Yared, el hijo de Mahalalal, el hijo de Cahayanan, el hijo de Enosh, el hijo de Sheth, el hijo de Adam, miro.

2. Y esto es el principio de las palabras de sabiduria que cual Yo levante arriba mi voz a hablar y a decir a esos que habitan en ha aretz: Escucha, ustedes hijos de Adam de tiempos antiguos, y mira, ustedes que vienen despues, las palabras de Alohay Qadosh Unico ᴲᏃᴲꓕ AHAYAH que Yo voy hablar ante Adowan ᴲᏃᴲꓕ AHAYAH de Ruahoth.

3. Estaba mejor a declarar los no mas a los hijos de Adam de tiempos antiguos, pero tambien a esos que vienen despues de nosotros no vamos a detener para atrás el principio de sabiduria.

4. Hasta el presente yom tal sabiduria a nunca estado dado por el Adowan ᴲᏃᴲꓕ AHAYAH de Ruahoth como Yo a recibido de acuerdo con mi vista de entender acuerdo a el buen placer de gusto de Adowan ᴲᏃᴲꓕ AHAYAH de Ruahoth por quien la parte del destino de eterna vida a estado dado a mi. 5. Ahora tres parabolas estaban entregados a mi, y Yo levante arriba mi voz y las reconte a esos que habitan en ha aretz.

La Primer Parabola.
La Venida del Juicio de los Malvados.

38 La primer parabola.
Cuando la asamblea de los yasharim va aparecer, y los transgresores de la Tor'ah van a ser juzgados por suyas trangresiones de la Tor'ah, y van a ser expulsados de la superficie de ha aretz, 2. Y cuando el Yashar Unico va aparecer ante los ojos de los yasharim, quien cual elegido obras se recargan sobre Adowan ᴲᏃᴲꓕ AHAYAH de Ruahoth, y luz va aparecer a los yasharim y los elegidos que habitan en ha aretz,

donde luego entonces va a ser la habitacion de los malditos transgresores, y donde el lugar de descanso de esos quien han negado rechazando al Adowan ᕃᒣᕃꐇ AHAYAH de la Ruahoth? Estaria mejor por ellos que no hubieran nacido.

3. Cuando los secretos de los yasharim van a ser revelados y los transgresores juzgados, y los quien rechazan la Verdad de Alohay ᕃᒣᕃꐇ AHAYAH seran expulsados de la presencia de los yasharim y elegidos,

4. Desde ese tiempo esos que tienen posesion de ha aretz van ya no mas a ser poderosos y exaltados: y ellos van a no poder a ver la cara de Alohay Qadosh, por que Adowan ᕃᒣᕃꐇ AHAYAH de Ruahoth a causado Suya luz a aparecer en la cara de los qadosh, yashar, y elegidos.

5. Luego van los reyes y los poderosos perecer y ser entregados en las manos de los yashar y qadosh.

6. Y de alli en adelante ninguno va buscar por ellos mismos piedad de Adowan ᕃᒣᕃꐇ AHAYAH de Ruahoth: Por que suyas vidas estan en un a fin.

La Morada de los Yasharim y de ha Mashiach
Y Alabanzas de los Baruk.

39 Y esto va venir a pasar en esos yomiym los elegidos y sagrado hijos (nephilim) van a descender de lo alto shamayim, y suya semilla va hacerse uno con los hijos de Adam. 2. Y en esos yomiym Hanok recibio libros de celo de esmero y colera, y libros de declaraciones de decretos y expulsion. "Piedad no van a ser de acuerdo para ellos", dice Adowan ᕃᒣᕃꐇ AHAYAH de Ruahoth. (Hizzayan/Rev 6:13 Mattithyah 24:37 Danyal 2:42-43)

3. Y en esos yomiym un remolino me cargo levantando y llevando me afuera de ha aretz, y me puso para abajo a el fin de los shamayim.

4. Y alli Yo mire otra hizzayan-vision, los lugares de moradas de los qadosh y los lugares de descanso de los yasharim.

5. Aqui mis ojos miro suyos lugares de morada con los yashar tzadok malakim de ᕧᘔᕧᐰ AHAYAH, y suyos lugares de descanso con los qadosh. Y ellos hacian peticion y intercesion y suplicaban por los hijos de Adam y yashar corria en corriente ante ellos como agua y kesed como rocio entre ha aretz: Asi va a ser entre ellos para siempre y siempre.

6. a. Y en ese lugar mis ojos miraron ha Mashiach de Yashar y de fidelidad, (YAHSHA)

7. a. Y Yo mire Suyo lugar de morada abajo las alas de Adowan ᕧᘔᕧᐰ AHAYAH de Ruahoth. (Mattithyah 26:64)

6. b. Y yashar va a prevalecer en Suyo yomiym, y los yasharim y elegidos van a ser innumerable ante El para siempre y siempre.

7. b. Y todos los yasharim y elegidos ante "AHAYAH YAHSHA AHAYAH" van a ser fuertes como alumbriente luzes encendidas, y suyas bocas van a ser llenas de barekah de alabanzas, y suyos labios van a exaltar el Nombre de Adowan ᕧᘔᕧᐰ AHAYAH de Ruahoth, y yashar tzadok ante El va nunca fallar, el honrado derecho va nunca fallar ante El.

8. Alli Yo queria a habitar, y mi ruah tenia anhelo por ese lugar de morada y alli aqui en adelante a sido mi parte, por que asi e estado establecido sobre mi ante Adowan ᕧᘔᕧᐰ AHAYAH de Ruahoth.

9. En esos yomiym Yo alabe a ᕧᘔᕧᐰ AHAYAH y exalte el Nombre de Adowan ᕧᘔᕧᐰ AHAYAH de Ruahoth con barekah y alabanzas, por que El a destinado por mi barekah y esplendor acuerdo a el buen placer de Adowan ᕧᘔᕧᐰ AHAYAH de Ruahoth.

10. Por un largo tiempo mis ojos miraban maravillados a ese lugar, y Yo lo alabe en barekah a Alohay ᕧᘔᕧᐰ AHAYAH y exalte en alabanzas a ᕧᘔᕧᐰ AHAYAH, diciendo: "Baruk es Alohay ᕧᘔᕧᐰ AHAYAH y que sea Baruk desde el principio y

para siempre y siempre. 11. Y ante Alohay ᴧZᴧ𝑋 AHAYAH no hay fin. El sabe antes que ha aretz fue creado lo que es para siempre y que va de ser en generacion de generacion. 12. Esos que no se duermen alaban en barekah a Usted: ellos se paran de pie ante Tu shakanah y baruk, y alaban, y exaltan en barekah, diciendo: "Qadosh, qadosh, qadosh, es Adowan ᴧZᴧ𝑋 AHAYAH de Ruahoth ᴧZᴧ𝑋 AHAYAH 𝑋W𝑋 ASHAR ᴧZᴧ𝑋 AHAYAH Alohay de los Ejercitos: ᴧZᴧ𝑋 AHAYAH llena ha aretz con ruahoth." 13. Y aqui mis ojos miro todos esos que no duermen: ellos se levantan parados de pie ante Alohay y en barekah dicen: "Baruk seas ᴧZᴧ𝑋 AHAYAH, y Baruk sea el Nombre de ᴧZᴧ𝑋 AHAYAH 𝑋W𝑋 ASHAR ᴧZᴧ𝑋 AHAYAH para siempre y siempre. 14. Y mi cara estaba transformada; por que Yo ya no podia a ver mas.

Los Quatro Malakim.

40 Despues de eso Yo mire miles y miles y diez miles mas diez miles, Yo mire una multitud mas numeroso de que se podian contar y que calcular, que se levantaban parados de pie ante Adowan ᴧZᴧ𝑋 AHAYAH de Ruahoth. 2. Y en los quatro lados de Adowan ᴧZᴧ𝑋 AHAYAH de Ruahoth Yo mire quatro presencias, diferente de los que no duermen, y Yo aprendi suyos nombres: por que el malak quien fue conmigo hizo a conocer a mi suyos nombres y me enseño todas las cosas escondidas.
(Danyal 7:9-10)
3. Yo escuche las voces de esos quatro presencias como ellos hablan en barekah o alabanzas ante el Adowan ᴧZᴧ𝑋 AHAYAH de la Shakanah. 4. La primera voz da barekah a el Adowan ᴧZᴧ𝑋 AHAYAH de Ruahoth para siempre y siempre. 5. Y la segunda voz Yo escuche en barekah a ha Mashiach Unico y los elegidos que recargan refugiandose en el Adowan ᴧZᴧ𝑋 AHAYAH de Ruahoth. 6. Y la tercera voz Yo escuche en suplica y intercediendo para esos que viven en ha aretz y

suplica en el Nombre de el Adowan ᴀ⊦ᴀⲒ AHAYAH de Ruahoth.

7. Y Yo escuche la quarta voz reprendiendo en rechazo parando los serpientes y prohibiendo a ellos a venir ante el Adowan ᴀ⊦ᴀⲒ AHAYAH de Ruahoth para acusar a ellos que viven en ha aretz.

8. Despues de eso Yo pregunte el malak de shalom quien fue conmigo, que, me enseño todo lo que estaba ocultado: "Quien son esos quatro presencias que Yo a visto y quien palabras Yo a escuchado y, escribi para abajo? 9. Y el me dijo asi a mi: "Este primero es Miykahyal, el lleno de kesed y paciente en enojar: y el segundo, quien esta puesto sobre toda enfermedad y todas las heridas de los hijos de Adam, es Rafahyal: y el tercero, quien esta puesto sobre todos los poderes, es Gabriyal: y el quarto, quien esta puesto sobre repentencia ante esperanza de esos que han de heredar vida eterna, es nombrado Phanayal. 10. Y estos son los quatro malakim de Adowan ᴀ⊦ᴀⲒ AHAYAH de Ruahoth y las quatro voces que Yo escuche en esos yomiym.

41
Y despues de eso Yo mire todos los secretos de los Shamayim, y como el reino esta dividido, y como las acciones de los hijos de Adam estan pesados en la bascula de pesos. 2. Y alli Yo mire las moradas de los elegidos y las moradas de los qadoshim, y mis ojos miro alli a todos los malhechores estando expulsados por fuerza arrojados de alli y en adelante esos quien niegan el Nombre de Adowan ᴀ⊦ᴀⲒ AHAYAH de Ruahoth, y estando arrastrados para afuera: y ellos no podian a vivir habitando por que del castigo que procede de Adowan ᴀ⊦ᴀⲒ AHAYAH de Ruahoth. (Yohanan 3:18)

Secretos Astronomical.

3. Y alli mis ojos miraron los secretos de los relampagos y de los truenos, y los secretos de los vientos, como ellos estan divididos a

soplar sobre ha aretz, y los secretos de las densa nubados de arriba, y rocio, y alli Yo mire de donde ellos salen en ese lugar y de donde ellos mojan empapando la polvorienta tierra de aretz.
4. Y alli Yo mire cerrado tesorerias de reservas de donde estan los vientos divididos, la tesoreria de reservas de la granizo, y los vientos, la tesoreria de reservas del rocio, y de las nubados, y los nubados de humo que se sostienen arriba que de alli vuelan sobre ha aretz desde de el principio de el mundo. 5. Y Yo mire el lugar del sol y la luna, cuando ellos proceden saliendo y cuando ellos vienen otra vez, y su majestuosa venida, y como una es superior a la otra, y su estado de orbito. Y como ellos no se van de su curso, y ellos quitan nada de el faltando nada, y ellos mantienen fidelidad una con la otra, en acuerdo con el juramento de palabra por en que ellos estan atados juntos.
6. Y primero el sol va enfrente y cruza su camino de acuerdo a el mandamiento del Adowan ᗅᒣᗅᶍ AHAYAH de Ruahoth, y poderoso es Suyo nombre para siempre y siempre.
7. Despues de eso Yo mire el ocultado y el visible camino de la luna, y ella cumple el curso de su camino en ese lugar por yom y por noche el uno detiene su posicion en contra a una a la otra ante al Adowan ᗅᒣᗅᶍ AHAYAH de Ruahoth. Y ellos dan gracias y alabanzas y no descansan: por que ante ellos es suya dar gracias un descanso.
8. Por que el sol cambia diario por una barekah o una maldicion, y el curso de el camino de la luna es luz para los yashar, y oscuridad a los malhechores en el Nombre de ᗅᒣᗅᶍ AHAYAH, Quien hizo una separacion entre medio de la luz y la oscuridad, y divido las ruahoth de los hijos de Adam, y fortaleza las ruahoth de los yasharim, en el Nombre de Suyo Yashar.
9. Por que ningun malak lo puede parar con obstaculos y ni poder lo puede detener para atras en dificultades; por que

𐤀𐤄𐤉𐤄 AHAYAH apunta un juez por ellos todos y Alohay juzga todos ellos ante El.

Los Lugares de Morada de Sabiduria y de los Malhechores.

42 La Sabiduria no encontro ningun lugar donde ella podia a ser morada; Luego un lugar de morada estaba puesta fijada por ella en los Shamayim,

2. Sabiduria fue adelante para a ser morada ella entre los hijos de Adam, y no encontro un lugar de morada: Sabiduria regreso a el lugar de ella y tomo ella asiento entre los malakim.

3. Y la maldad fue adelante de su lugar de habitar quien ella no busco ella encontro, y habito con ellos, como lluvia en un desierto, y rocio sobre una tierra sediente. (Baruk 3:9-38/4:1-4)

Secretos de los Shamayim en los Firmamentos.

43 Y Yo mire otros relampagos y los luminarios del shamayim, y Yo mire como 𐤀𐤄𐤉𐤄 AHAYAH los llamo a ellos todos por suyos nombres y ellos responden viniendo obedientes ante Alohay.

2. Y Yo mire como ellos estan pesadas en en una bascula de tzadok acuerdo a suyos proporciones de luz; Yo mire la anchura de suyos lugares y el yom de su aparecimiento, y como suyas revoluciones producen relampagos: y Yo mire suyo revolucion acuerdo a los numeros de los malakim, y como ellos mantienen fidelidad una con la otra.

3. Y Yo pregunte el malak que fue conmigo quien me enseño lo que estaba ocultado: "Que son estos?" 4. Y el me dijo a mi: "Adowan 𐤀𐤄𐤉𐤄 AHAYAH de Ruahoth a enseñado a usted suyo sentido significado de suya parabola: estos son los nombres de los qadoshim que habitan en ha aretz y creen en el Nombre de el Adowan 𐤀𐤄𐤉𐤄 AHAYAH de Ruahoth para siempre y siempre."

44 Tambien otro fenomeno Yo mire en respeto de los relampagos como unos de los luminarios se levantan y se vuelven relampagos y no pueden partirse de suya nueva forma.

La Segunda Parabola.
La Parte de los en Apostasia: El Nuevo Shamayim y la Nueva Aretz.

45 Y esta es la segunda parabola sobre esos quien niegan el nombre de la morada de donde habitan los qadoshim y el Adowan ᴴᵞᴬᴴ AHAYAH de Ruahoth.

2. Y adentro del Shamayim ellos no van a ascender, y en ha aretz ellos no van a venir: Asi tal sera la parte de los malhechores que han negado el Nombre de Adowan ᴴᵞᴬᴴ AHAYAH de Ruahoth, quien estan preservados por el yom de sufrimiento y tribulacion.

3. En ese yom Mi Mashiach va a sentarse en el trono de la Shakanah. Y va a juzgar suyas obras, y suyos lugares de descanso va a ser innumerable. y suyas almas van a crecer fuertes adentro de ellos cuando ellos miran Mis elegidos, (Mashiachyim) y esos quien han invocado llamando en Mi majestuoso Nombre:

4. Luego voy a causar Mi Mashiach a ser morada entre ellos. Y Yo voy a transformar el shamayim y hacer la en una eterna barekah y luz,

5. Y Yo voy a transformar ha aretz y hacer la una barekah eterna: y Yo voy a causar Mi Mashiachyim a vivir habitando sobre ella: pero los malhechores y transgresores que quebrantan la Tor'ah no van a pisar su pie sobre ella.

6. Por que a proveido y saciado con shalom Mi yasharim elegidos, y a causado a ellos a habitar viviendo ante Mi: pero para los malhechores transgresores va haber un juicio pendiente con Mi, tanto para que Yo pueda a destruir los a ellos de la superficie de ha aretz.

el Qadosh Anciano de Yomiym Aleph Tau ✕⊥
y el Ben de Adam.

46 Y alli Yo mire Uno, que tenia la Cabeza de Anciano de Yomiym, Y Suyo cabellos era blanco como lana, y con Alohay habia otro ser viviente Quien rostro tenia la aparencia de un Adam, y Suya cara estaba llena de kesed (gracia), como uno de los qadosh malakim. *(Danyal 7:9)*

2. Y Yo pregunte el malak que fue conmigo y me enseño a mi todas las cosas ocultadas, sobre ese Ben de Adam, quien es, y cuando era, y por que fue con el Qadosh Anciano de Yomiym? *(Tehilim/sal 24:7-10)*

3. Y el contesto y me dijo a mi: "Este es el Ben de Adam quien tiene Yashar, con quien habita la morada de tzadok, y quien revela todos los tesoros de eso que esta ocultado, por que el Adowan ヨZ⊣✕ AHAYAH de Ruahoth lo a elegido a El, y quien parte tiene honor ante Adowan ヨZ⊣✕ AHAYAH de Ruahoth en honrado derecho para siempre. *(MattithYah 17:5/Yashayah 42:1)*

4. Y este Ben de Adam quien usted ha visto va levantar arriba a arrancar los reyes y los poderosos de suyos asientos, y los fuertes de suyos tronos y va soltar desatando las reindas de los fuertes, y quebrar los dientes de los malhechores: *(Tehilim/Salmo 2)*

5. y El va sublevar poniendo para abajo los soberanos de suyos tronos y reinos por que ellos no exaltaron y alabaron a El, ni humildemente reconocieron cuando el reino estaba entregado a ellos,

6. Y El va a poner para abajo la cara de orgullo de los poderosos, y los va a llenar a ellos con verguenza. Y la oscuridad va a ser su lugar de vivir en habitacion. Y lumbrices va a ser su cama, y ellos no van a tener esperanza de levantarse de suyas camas, por que ellos no exaltan el Nombre de el Adowan ヨZ⊣✕ AHAYAH de Ruahoth. *(Yohanan 3:18/36/ Malakayah 4:2-3)*

7. Y estos son ellos quien juzgan los luminarios de el shamayim, y levantan suyas manos contra Alohay Shadd ヨZ⊣✕

AHAYAH, y pisan sobre ha aretz y habitan en ella. Y todas suyas obras manifiestan maldad, y su poder se recarga en suyas riquezas, y suyas esperanzas estan en los falsos poderosos en que ellos han hecho con suyas manos, y ellos niegan de creer en el Nombre de Adowan ꙮ AHAYAH de Ruahoth.

8. Y ellos persigen las casas de Su asamblea, y los lleno de fidelidad quien recargan descansando en el Nombre de Adowan ꙮ AHAYAH de Ruahoth. (Danyael 7:25)

La Suplica de los Yasharim para Venganza y suya Alegria de Su Venida.

47 Y en esos yomiym va a ascender: la suplica de los yasharim. Y la sangre de los tzadok de ha aretz ante Adowan ꙮ AHAYAH de Ruahoth. 2. En esos yomiym los qadoshim que habitan arriba en el Shamayim van a unirse en una sola voz y suplicar y orar y alabar, y dar gracias y baruk el Nombre de Adowan ꙮ AHAYAH de Ruahoth de parte de sangre de los yasharim que a sido derramado, y que la suplica de los yasharim no pueda ser en vano ante Adowan ꙮ AHAYAH de Ruahoth, que juicio pueda hacerse hecho por ellos, y para que ellos no tengan que sufrir esperando para siempre.
(Hizzayan/Rev 7:9-17)

3. En esos yomiym Yo mire al Alohay Qadosh Anciano de Yomiym cuando ꙮ AHAYAH se sento en el trono de Suya Shakanah, y los libros de Hai (Vida) estaban abiertos ante Alohay ꙮ AHAYAH: y todos Suyo ejercitos que estan en el Shamayim arriba y Suyo concillo se paraban de pie ante Alohay, (Hizzayan/Rev. 20:11-15 MalakaYah 3:16-18)

4. Y las almas de los qadoshim estaban llenos de alegria: por que el numero de los yasharim habia sido ofrecido, y la suplica de los yasharim habia estado escuchado, y la sangre de los yasharim a sido requerido ante el Adowan ꙮ AHAYAH de Ruahoth. (Hizzayan /Rev. 8:1-6)

La Manantial de Agua de Yashar: el Ben de Adam el Lugar donde Moran los Yasharim: Juzgamiento de Los Reyes y los Tiranos Poderosos.

48 Y en ese lugar Yo mire una fuente de Yashar, que nunca se terminaba o descansaba: y alrededor de ella estaban muchas fuentes de sabiduria: y todos los sedientos bebieron de ellos, y estaban llenos con sabiduria y suyo lugar donde moraban estaban con los yasharim y qadoshim y elegidos.

2. Y a esa hora el Ben de Adam estaba nombrado en la presencia de Adowan ﭏﭏﭏﭏ AHAYAH de Ruahoth, y Suyo Nombre ante del Qadosh Anciano Jefe de Yomiym.

3. Si, antes del sol y los señales estaban creados, antes de que los luminarios del shamayim estaban hechos, Su Nombre estaba nombrado ante el Adowan ﭏﭏﭏﭏ AHAYAH de Ruahoth. (Bereshiyth/Gen 1:1-8 Yohanan 1:1-10 indica ✗✗ que YASHA es Alef y Tau)

4. El va a ser un baston a los yasharim elegidos de donde ellos pueden mantenerse firme de pie a recargarse y no caer, El va a ser una luz para los gentiles, y la esperanza de esos que estan afligidos de tristeza en su alma. (Tehilim/Salmo 23 Yohanan 10:1-18)

5. Todos que habitan en ha aretz van a caerse para abajo rostro en tierra y postrados de rodillas a adorar ante El, y van alabar y baruk y celebrar con canticos al Adowan ﭏﭏﭏﭏ AHAYAH de Ruahoth. (YashaYah/IsaYas 45:23-25 Filipenses 1:9-11)

6. Y por esta razon estaba elegido y ocultado ante Alohay ﭏﭏﭏﭏ AHAYAH, antes de la creacion de el mundo y para siempre y siempre en eternidad.

7. Y la sabiduria del Adowan ﭏﭏﭏﭏ AHAYAH de Ruahoth a revelado a el a los qadoshim y yasharim: por que Alohay ﭏﭏﭏﭏ AHAYAH a preservado la parte de los yasharim; por que ellos han odiado y despreciado este mundo de maldad, y han odiado suyas obras y caminos en el Nombre de el Adowan ﭏﭏﭏﭏ AHAYAH de Ruahoth: por que en Suyo Nombre ellos estan salvados, (Hechos 4:12) "YAHSHA AHAYAH" (YASHA es salvación en

paleo-hebreo) y en acuerdo a Suyo bien placer a estado en respeto a suyas vidas.

8. En esos yomiym arrojados para abajo en su rostro van los reyes de ha aretz a pasar a hacerse, y los fuertes que estan en posesion de ha aretz por que de las obras de suyas manos; por que en el yom de su angustia y afliccion ellos no van a poder salvarse ellos mismos.

9. Y Yo voy a entregar los a ellos adentro las manos de Mi Mashiahyim: como paja en el fuego asi van ellos quemar ante la cara de los qadoshim como plomo en las aguas van ellos hundirse ante la cara de los yasharim, y ninguna marca o huella de ellos va nunca mas a ser encontrado.

10. Y en ese yom de suya afliccion va a haber descanso en ha aretz, y ante de ellos van a caerse y no levantarse otra vez: y va a ser que nadien los va tomar a ellos con suyas manos y levantar los a ellos: por que ellos han negado al Adowan ᐊᘔᗋ𐤀 AHAYAH de Ruahoth y SuYo Mashiach. Baruk sea el Nombre de Adowan ᐊᘔᗋ𐤀 AHAYAH de Ruahoth ᐊᘔᗋ𐤀 AHAYAH ᐊW𐤀 ASHAR ᐊᘔᗋ𐤀 AHAYAH. Ahman.

El Poder y Sabiduria de ha Mashiach Unico.

49 Por que sabiduria esta derramada como agua, y shakanah no falla ante El para siempre.

2. Por que Alohay 𐤀𐤄𐤉𐤄 AHAYAH es poderoso en todos los secretos de yashar y maldad va desaparecer como una sombra, no van a continuar mas: por que ha Mashiach esta de pie ante el Adowan 𐤀𐤄𐤉𐤄 AHAYAH de Ruahoth, y Suya Shakanah es para siempre y siempre y Suyo poder ante todas generaciones.

3. Y en El habita la ruah de sabiduria, la ruah que tiene inteligencia la ruah de entendimiento y de poder, y la ruah de esos quien han caido dormidos en yashar. (Yashayah 11:2)

4. Y El va juzgar las cosas secretas, y nadien va a poder hablar una palabra mentirosa ante Alohay 𐤀𐤄𐤉𐤄 AHAYAH: por que El "YAHSHA" es ha Mashiach ante el Adowan 𐤀𐤄𐤉𐤄 AHAYAH de Ruahoth acuerdo a SuYo gusto bueno.
(MattithYah 6:18)

La Exhaltacion y Victoria de los Yasharim: El Arrepentimiento de los Gentiles.

50 Y en esos yomiym un cambio va a tomar lugar a hacerse realizado por los qadosh y elegidos, y la luz de yomiym va reposar sobre ellos, y majestad esplendorosa y honor va a volverse a los qadosh,

2. En ese yom de afliccion en que maldad habra estado reservado apilado para arriba contra los malhechores transgresores. Y los yasharim van a ser victoriosos en el Nombre de Adowan 𐤀𐤄𐤉𐤄 AHAYAH de Ruahoth: Y El va a ser los otros a dar testimonio de esto, para que ellos puedan arrepentirse y abandonar las obras de suyas manos.

3. Ellos no van a tener honor entre el Nombre de Adowan 𐤀𐤄𐤉𐤄 AHAYAH de Ruahoth, pero aun en Su Nombre van ellos a ser salvados, Hechos 4:12 "YAHSHA" y el Adowan 𐤀𐤄𐤉𐤄

AHAYAH de Ruahoth va a tener kesed sobre ellos, por que Suyo kesed es grande. *(Yohanan 4:22 Tehilim/Salmo 27:1-4)*
4. Y El es yashar tambien en SuYo juicio, y en la presencia de SuYa Shakanah maldad tambien no va mantenerse asi mismo: A Suyo juicio los que no se arrepientan van a perecer ante Alohay.
5. y de alli en adelante Yo voy a no tener piedad sobre ellos, dice el Adowan ᴣ⊦ᴣ⩎ AHAYAH de Ruahoth.

La Levantandose a Despertarse de los Muertos, y la Separacion por el Juez de los Yasharim y Malhechores.

51 Y en esos yomiym va ha aretz tambien dar para atras lo que habia estado encargado a ella, y Sheol tambien dara para atras eso que habia recibido, y Sheol va dar para atras eso lo que debe. Por que en esos yomiym ha Mashiach Unico va levantarse,
2. Y El va escoger los yasharim y qadosh entre ellos: por que el yom se a llegado a venir en que ellos puedan a ser salvados,
3. y ha Mashiach Unico va en esos yomiym a sentarse sobre Mi trono, y de Suya boca va derramar para adelante todos los secretos de sabiduria y consejo: por que el Adowan ᴣ⊦ᴣ⩎ AHAYAH de Ruahoth los a dado ellos a El y lo a exaltado a El.
4. Y en esos yomiym van las montañas brincar como cabros, y las lomas tambien van a saltar como borregos corderos satisfechados con leche, y las caras de todos los malakim en el Shamayim van a volverse iluminados de luz con alegria.
5. Y ha aretz va a regocijar, y los yasharim van a habitar sobre ella, y los elegidos van a caminar alli sobre ella.

La Siete Montañas de Fierro y ha Mashiach Unico.

52 Y despues de esos yomiym en ese lugar de donde Yo a visto todas las hizzayan-visiones de eso que esta ocultado por

que Yo habia estado levantado cargado en un remolino de viento y ella me habia traido hacia al oeste.
2. Alli mis ojos miraron todas las cosas secretas del Shamayim que van a ser, una montaña de hiero, y una montaña de cobre, y una montaña de plata, y una montaña de oro, y una montaña de estaño, y una montaña de plomo.
3. Y Yo pregunte el malak que fue conmigo, diciendo, "Que cosas son esas en que Yo a visto en secreto?" 4. Y El me dijo a mi: "Todas esas cosas que usted a visto va a servir el reino de Suyo Mashiach de 𐤀𐤄𐤉𐤄 AHAYAH Alohay para que El pueda a ser lleno de poder y fuerte en ha aretz."
5. y ese malak de shalom contesto, diciendo ante mi: "Espera un poco y va a ser revelado ante usted todas las cosas secretas, que rodean alrededor el Adowan 𐤀𐤄𐤉𐤄 AHAYAH de Ruahoth.
6. Y esas montañas en que suyos ojos han visto, la montaña de hiero, y la montaña de cobre, y la montaña de plata, y la montaña de oro, y la montaña de estaño, y la montaña de plomo, todo estos van a ser en la presencia de ha Mashiach Unico, como cera ante el fuego, y como la agua que derrama para abajo de arriba sobre esas montañas, y ellas van a volverse con ningun poder ante Suyo pies de El.
7. Y va venir a pasar en esos yomiym que ninguno va a ser salvados, ni por oro o por plata, y nadien va a poder escapar. (Hag.2:8)
8. Y no va a haber mas hiero para guerra, ni va uno vestirse asi mismo con coraza de armadura. Bronce va a ser de ningun servicio, y estaño va a ser de ningun servicio y no va a ser estimado, y plomo no va a ser deseado. 9. Y todas estas cosas van a ser rechazados y destruidos de la superficie de ha aretz, cuando ha Mashiach Unico va aparecer ante del rostro de el Adowan 𐤀𐤄𐤉𐤄 AHAYAH de Ruahoth.
(4 Ezdras 2:19-32:13/Miykah 4:1-5)

El Valle del Juzgamiento: los Malakim de Castigo: Las Communidades de ha Mashiach Unico.

53 Alli mis ojos miraron un valle hondo con bocas abiertas, y todo que habita sobre ha aretz y mar y islas van a traer le a (El) "YAHSHA" regalos y ofrendas y regalos de honra, pero ese hondo valle no va a ser llenado. (YashaYah 66:18-24)

2. Y suyas manos cometen obras contra la Tor'ah en desorden, y los malhechores devoran todo quien ellos en contra la Tor'ah oprimen: aun los malhechores que quebrantan la Tor'ah van a ser destruidos ante el rostro de el Adowan ꜱꜰꝫꜥ AHAYAH de Ruahoth, y ellos van a ser expulsados de afuera de la superficie de Suya tierra aretz, y ellos van a perecer para siempre y siempre.

3. Yo mire todo los malakim de castigo habitando alli y preparando todos los instrumentos del serpiente satanas. 4. Y Yo pregunte el malak de shalom que fue conmigo: "Por quien estan ellos preparando estos instrumentos?"

5. Y el me dijo a mi: "Ellos preparan estos para los reyes y los poderosos de esta tierra, para que ellos puedan a ser destruidos.

6. Y despues de esto el Yashar y Mashiach Unico va a causar la casa de Suya asamblea a aparecer: de alli en adelante ellos no van a ser mas estorbados en dificultades en el Nombre de Alohay Adowan ꜱꜰꝫꜥ AHAYAH de Ruahoth Alohay de los Ejercitos.

7. Y estas montañas no van apararse como ha aretz ante Suyo Yashar, pero los cerros van a ser como una fuente de agua, y los yasharim van a tener descanso de la opresion de los malhechores transgresores que quebrantan la Tor'ah.

54 Y Yo mire y me volteé a otra parte de ha aretz, y vi alli a un hondo valle con lumbre quemando. 2. Y ellos traieron los reyes y los poderosos, y comenzaron a arrojar a ellos adentro este valle hondo. (MattithYah 13:49-50)

3. Y alli mis ojos miro como ellos hacian estos suyos instrumentos, cadenas de hiero de peso que no se puede medir. 4. Y Yo pregunte a el malak de shalom que fue conmigo, diciendo: "Por quien estan estas cadenas haciendo preparadas?" 5. Y el me dijo a mi: "Estos estan haciendo preparados por los ejercitos de ~~azazel~~ (la serpiente), y para que ellos puedan llevar los y arrojar los adentro el abismo de completa condenacion, y ellos van a cubrir suyos dientes con duras piedras como el Adowan ᛉᛚᛉᚴ AHAYAH de Ruahoth a mandado.
6. Y Miykahyal, Gabriyal, y Rafahyal, y Phanayal van a agarrar los a sujetar a ellos en ese gran yom, y arrojar los a ellos en ese yom adentro el horno ardiente, para que el Adowan ᛉᛚᛉᚴ AHAYAH de Ruahoth puede tomar venganza en ellos por suyas maldades en volviendose sometidos a la serpiente satanas y dirigiendo extraviados a esos que habitan sobre ha aretz."

Fragmento de Noah de el Primer Juicio del Mundo.

7. Y en esos yomiym va castigo venir de el Adowan ᛉᛚᛉᚴ AHAYAH de Ruahoth, y El va abrir las reservas de aguas que estan arriba en el shamayim, y de las fuentes que estan abajo ha aretz. 8. Y todas las aguas van a ser juntados con las aguas: eso que esta arriba los shamayim es el masculino, y las aguas en que estan abajo ha aretz es la feminina. 9. Y ellos van a destruir todos que habitan en ha aretz y esos que habitan de abajo hasta los fines de el shamayim, 10. Y cuando ellos han reconocido suya maldad que ellos han causado sobre ha aretz, entonces por eso van ellos a perecer."

55 Y despues de eso el Qadosh Anciano Jefe de Yomiym se habia repentido y dijo: "En vano Yo a destruido a todos que habitan en ha aretz." 2. Y ᛉᛚᛉᚴ AHAYAH Alohay juro por Suyo grande Nombre: "En adelante Yo no voy hacer esto a todos que habitan sobre ha aretz, y Yo voy a establecer una señal en el shamayim: y esto va a ser una alianza de buena fe entre Yo y ellos para siempre, mientras el shamayim esta arriba de ha aretz. Y esto es en acuerdo con Mi mandato." (Barashiyt/Gen 8:18-22/9:8-17)

El Final Juicio de la Serpiente azazel, y los Nephilim y suyos hijos.

3. "Cuando Yo a deseado a llevar los agarrando los a ellos por la mano de los malakim en ese yom de tribulacion y dolor por que de esto, Yo voy a causar Mi castigo y Mi colera ser puesta sobre ellos, dice Alohay, Adowan ᕱᒣᕱ𝒳 AHAYAH de Ruahoth.

4. Ustedes poderosos reyes que habitan sobre ha aretz, ustedes van a tener que ver Mi Mashiach, como El se sienta en el trono de Shakanah y juzga azazel (la serpiente), y todos suyo asociados, y todo su ejercitos en el Nombre de Adowan ᕱᒣᕱ𝒳 AHAYAH de Ruahoth."

56
Y Yo mire alli los ejercitos de los malakim de castigo saliendo, y ellos detenian los azotes y cadenas de hiero y bronce.
2. Y Yo pregunte a el malak de shalom que fue conmigo, diciendo: "Para quien estos que detienen los azotes estan saliendo por?" 3. Y el me djio a mi: "A los elegidos y amados de ellos para que ellos puedan a ser arrojados adentro el hueco de el valle del abismo.
4. Y luego ese valle va a ser llenado con suyos ejercitos de elegidos y amados, y los yomiym de su vida van a ser a un fin, y los yomiym de su dirigiendo extraviados errantes no va a ser recordado.

Ultima Lucha de los Poderes paganos enemigos de Alohay ᕱᒣᕱ𝒳 AHAYAH Contra Yasharal. (Yisrael)

5. Y en esos yomiym los malakim (nephilim) van a regresar y lanzarse ellos mismos para el este sobre los Parthians y Medes: Ellos van a agitar los reyes para que una ruah de inquietud va

a venir sobre ellos. Y ellos van a levantar los a ellos de suyos tronos, para que ellos puedan quebrar adelante como leones de su lecho, y como hambriento lobos entre suyos rebaños,
(MattithYah 24:29-37 Hizzayan/Rev 6:13/9:1-4:15/13:1/16:13-14/18:2)
6. Y ellos van a subir y pisar por abajo suyos pies en la tierra de Suyo elegidos, y la tierra de Suyo elegidos va a ser ante ellos una era de trillar y un alto camino:
7. Pero la ciudad de Mi Yashar va a ser una dficultad para suyos caballos. Y ellos van a comensar a combatir entre ellos mismos, y suya mano derecha va a ser fuerte contra ellos mismos, y un hombre no va a conocer suyo hermano, ni un hijo suyo padre o su madre, hasta que va a ser que no haiga numero de los cuerpos por suyas matanzas, y su castigo no sera en vano.
8. En esos yomiym Sheol va a abrir suya boca y ellos van a ser comidos alli adentro, y suyo destruccion va a ser a un fin: Sheol va a devorar los transgresores que quebrantan la Tor'ah en la presencia de los elegidos."

El Regreso de la Dispersion

57 Y vino a pasar despues de esto en que Yo mire otro ejercito de carros, y hijos de Adam subidos alli en ellos, y viniendo en los vientos de el este, y del oeste hasta a el sur.
2. Y el ruido de suyos carros estaba oidos y cuando este tumulto tomo lugar los qadoshim del Shamayim lo observaron, y las pilares de ha aretz estaban movidos de suyo lugar, y el ruido de alli estaba oido de un lado del fin del shamayim a el otro, en un yom.
3. Y ellos van todos a caerse y postrados de rodillas en barekah adorar y alabar al Adowan ᴀᴢᴧᴦ AHAYAH de Ruahoth Alohay de los Ejercitos. Y esto es el fin de la segunda Parabola.
(YashaYah 66:18-23)

La Tercera Parabola.
La Berakah de Bienaventuranzas de los Qadoshim.

58 Y yo comenze a hablar la tercera Parabola de sobre los yasharim y elegidos.

2. Baruk son ustedes, ustedes yasharim y elegidos, por que lleno de esplendor va a ser tu parte.

3. Y los yasharim va a ser que estaran en la luz del sol, y los elegidos en la luz de eterna vida: los yomiym de suyas vidas va a ser que nunca tengan fin, y los yomiym de los qadoshim con ningun numero innumerable.

4. Y ellos van a buscar la luz y encontraran Yashar Con el Adowan ᅾᄅᄏᄎ AHAYAH de Ruahoth: Y va haber shalom a los yasharim en el Nombre del Eterno Alohay ᅾᄅᄏᄎ AHAYAH.

5. Y despues de esto va a ser dicho a los qadoshim en el Shamayim que ellos deben a buscar a encontrar los secretos de yashar, la herencia de fidelidad: por que se a volvido brilloso como el sol sobre ha aretz, y la oscuridad a pasado.

6. Y va haber una luz que nunca se acaba, y un límite de numero de yomiym a ellos no va a venir, por que la oscuridad va primero haber sido destruido, y la luz se establece ante el Adowan ᅾᄅᄏᄎ AHAYAH de Ruahoth y la luz de Yashar en bondad sea establecido para siempre ante Adowan ᅾᄅᄏᄎ AHAYAH de Ruahoth. (MattithYah 5:1-17)

Las Luzes y el Trueno.

59 En esos yomiym mis ojos miraron los secretos de los relampagos, y de las luzes, y los juzgamientos que ellos ejecutan, ellos ejecutan suyos juicios: y ellos brillan por una barekah o una maldicion como el Adowan ᅾᄅᄏᄎ AHAYAH de Ruahoth decide por Suyo voluntad. 2. Y alli yo mire los secretos del trueno, y como cuando ello resuena arriba en el shamayim, el ruido de alli es oido, y el me causo a ver los juicios ejecutados en ha aretz, se ellos son para buena salud y barekah o por una maldicion acuerdo con la palabra de el Adowan 𐤅𐤄𐤆𐤀 AHAYAH de Ruahoth Alohay Tzaba'oth. Y despues de esto todos los secretos de las luzes y relampagos estaban enseñados a mi, y ellos brillan por barekah y por satisfechar.

Libro de Noah - un Fragmento.
Temblando Temblores en el Shamayim:
Behemoth y Leviathan: Los Elementos.

60 En el año quiniento, en el septimo mes, en el catorce yom de el mes en la vida de Hanok. En esa parabola Yo mire como un poderoso temblor hizo el shamayim de Shamayim a temblar, y los ejercitos de Alohay Shadd 𐤅𐤄𐤆𐤀 AHAYAH, y los malakim, un mil miles y diez miles mas diez miles, estaban alborotados rompiendo el silencio con una gran conmocion. 2. Y el Qadosh Anciano de Yomiym se sento en el trono de SuYa Shakanah, y los malakim y los yasharim se paraban de pie alrededor de Alohay 𐤅𐤄𐤆𐤀 AHAYAH.

3. Y un gran temblor me apodero, y temor me agarro deteniendo me, y mi rostro perdio fuerza, y disolvido estaban mis riendas, y Yo me cai en mi cara postrado.

4. Y Miykahyal envio otro malak de entre los qadoshim y el me levanto para arriba, y cuando el habia levantado me arriba mi ruah regreso; por que Yo no pude a soportar la mirada de vista de este ejercito, y la conmocion y el temblor del Shamayim.

5. Y Miykahyal dijo ante mi: "Por que esta usted desconcertado con una tal hizzayan- vision? Hasta este yom duro el yom de SuYa piedad, y El ha sido lleno de immensa bondad y paciente en enojar hacia a esos quien habitan viviendo en ha aretz.

6. Y cuando el yom, y el poder, y el castigo, y el juicio viene, en que el Adowan 𐤅𐤄𐤆𐤀 AHAYAH de Ruahoth a preparado por esos que no aman y adoran la Tor'ah de yashar, y por esos que niegan el juicio yashar, y por esos que toman Suyo nombre en vano ese yom esta preparado; por los elegidos una alianza, por

los malhechores transgresores que quebrantan la Tor'ah una inquisicion. *(Shemoth/Exo 20:7 Yermiyah 31:31-34 Luqas 22:19-20)*

7. Y en ese yom habia dos bestias monstruos que salen partiendo, una feminina monstruo llamado Leviathan, a habitar en el abismo del mar sobre las fuentes de las aguas. *(YashaYah 27:1)*

8. Pero el masculino esta nombrado Behemoth que a ocupado con suyo pecho un desierto en ruinas de escombros nombrado Duidain, en el este del jardin donde el elegido y yashar mi abuelo el padre de mi padre estaba llevado para arriba, el septimo de Adam, el primer Adam quien el Adowan אהיה AHAYAH de Ruahoth habia creado. 9. Y Yo busque el otro malakim para que el podia enseñar me el poder de esos monstruos bestias, como ellos estaban partidos saliendo en un yom y hechados arrojados, el uno adentro al abismo del mar, y el otro a la seca tierra aretz de la naturaleza. 10. Y el me dijo a mi: "Usted hijo de Adam, aqui usted esta buscando a conocer lo que esta ocultado."

11. Y el otro malak que fue conmigo y me enseño lo que estaba ocultado me dijo, lo que es primero y ultimo en el Shamayim en las alturas, y abajo de ha aretz en las honduras, y en los fines del shamayim, y sobre las bases del shamayim. 12. Y las reservas de los vientos y como las puertas de los vientos estan reconocidos, cada uno acuerdo a el poder de el viento, y el poder de las luzes de la luna, acuerdo a el poder que le corresponde: y las divisiones de los luminarios acuerdo a suyos nombres, y como todas las divisiones estan divididas. 13. Y los truenos acuerdo a los lugares de donde ellos se caen, y todas las divisiones que estan hechos entre los relampagos para que ellos puedan brillar, y suyos ejercitos para que ellos puedan a una vez obedecer. 14. Por que los truenos tienen lugares de descansar en que estan ellos puesto mientras esta esperando por su partida; y el trueno y el relampago son inseperable, y aun todavia no uno y no son divididos, ellos dos van juntos por entre

la ruah y no se separan. 15. Por que cuando los relampagos brillan, el trueno habla su voz, y la ruah enfuerza una pausa entre su partida, y divide igual entre ellos; por que las reservas de suya partidas es como la arena, y cada uno de ellos cuando parte esta detenido con una rienda, y volteando para atras por el poder de la ruah, y empujado adelante acuerdo a los muchos quartos de ha aretz. 16. Y la ruah del mar es masculino y fuerte, y acuerdo al poder de su fuerza el lo trae para atras con una reinda, y como esta manera esta dirigida para adelante y se dispersa entre las montañas de ha aretz.

17. Y la ruah de el rocio hielo es suyo propio malak, y la ruah de el granizo es un buen malak. 18. Y la ruah de la nieve a abandonado su puesto de lugar de suyas reservas en cuenta de suya fuerza alli hay un especial ruah adentro, y eso que asciende de ella es como humo, y suyo nombre es escarcha de hielo helado. 19. Y la ruah de neblina no esta unidos con ellos en suyas reservas, pero tiene una especial reserva; por que suyo curso esta lleno de esplendor en dos la luz y en oscuridad, y en invierno y en verano, y en suya reserva esta un malak. 20. Y la ruah de el rocio tiene suya morada a los fines del shamayim, y esta connectada con las reservas de la lluvia, y su curso es en inverno y verano; Y suya densa humo de neblina de rocio estan connectados, y uno da a la otra. 21. Y cuando la ruah de la lluvia se va adelante de suya reserva, el malak viene y abre la reserva y la dirige para afuera, y cuando esta difundida sobre toda ha aretz se une con las aguas en ha aretz. Y cuando ella se une con las aguas en ha aretz. 22. Por que las aguas son para esos que habitan en ha aretz; por que ella es nutritiva para ha aretz del Alohay Shadd ᴀHAYAH que esta en el Shamayim: y por eso hay una medida para la lluvia y los malakim la llevan a cumplir su orden mandado. 23. Y estas cosas Yo mire hacia el Jardin de el Yashar. 24. Y el malak de shalom que estaba conmigo me dijo: Estos dos monstruos,

preparados, conformados a la grandeza de el Adowan ᐊᘔᗅᔦ AHAYAH van a comer...
25. Cuando el castigo del Adowan ᐊᘔᗅᔦ AHAYAH de Ruahoth va a descansar sobre ellos, va venir sobre ellos en orden para que el castigo del Adowan ᐊᘔᗅᔦ AHAYAH de Ruahoth no pueda venir en vano, y va masacrar los hijos con suyas madres y los hijos con suyos padres. Despues el juicio va tomar lugar acuerdo a SuYo kesed y SuYa paciencia."

Malakim Van a Medir el Paraiso: El Juicio de los Yasharim Por Ha Mashiach Unico: la Tehilim en Barekah de Ha Mashiach Unico "YAHSHA" y Abba Alohay ᐊᘔᗅᔦ AHAYAH.

61 Y Yo mire en esos yomiym como largas cuerdas estaban dados a estos malakim, y ellos se llevaron tomando a ellos alas y volaron, y ellos fueron para el norte.
2. Y Yo pregunte a el malak, diciendo ante el: "Por que han esos malakim llevado esas cuerdas y se han salido? Y el me dijo a mi: "Ellos han salido a medir."
3. Y el malak que fue conmigo dijo ante mi: "Estos van a traer las medidas de los yashar, y los cordones de los yashar a los yasharim, para que ellos puedan quedarse ellos mismos en el Nombre de el Adowan ᐊᘔᗅᔦ AHAYAH de Ruahoth para siempre y siempre.
4. Los elegidos van a comenzar a habitar con los elegidos y esos son las medidas que van a ser dados a fidelidad y que va fortalecer yashar.
5. Y estas medidas van a revelar a todos los secretos de las honduras de ha aretz, y esos quien han estado destruido por el desierto, y esos quien han estado devorado por las bestias, y esos quien han estado devorado por las pezes del mar, para que ellos puedan regresar y quedarse a permanecer ellos mismos en el yom de ha Mashiach Unico; por que ninguno va a ser destruido

ante el Adowan 𐤀𐤄𐤉𐤄 AHAYAH de Ruahoth, y ninguno puede ser destruido.

6. Y todos que habitan arriba en el Shamayim recibieron un mandato y poder y una voz y una luz hacia como el fuego.

7. Y a ese Mashiach Unico con suyas primeras palabras ellos alababan en barekah, y exaltaban y adorar a 𐤀𐤄𐤉𐤄 AHAYAH en tehilim con sabiduria, y ellos estaban sabios en suyas palabras y en la ruah de la vida.

8. Y el Adowan 𐤀𐤄𐤉𐤄 AHAYAH de Ruahoth puso ha Mashiach Unico en el trono de la Shakanah. Y el va juzgar a todas las obras de los qadoshim arriba en el Shamayim, y en la bascula van suyas obras a ser pesadas. *(Hizzayan/Revelación 22:12)*

9. Y cuando El va a levantar arriba SuYo rostro para juzgar suyos secretos caminos acuerdo a la palabra de el Nombre de Adowan 𐤀𐤄𐤉𐤄 AHAYAH de Ruahoth, y suyos caminos acuerdo a el camino de el Yashar juicio del Adowan 𐤀𐤄𐤉𐤄 AHAYAH de Ruahoth, luego van ellos todos con una voz hablar y alabar y adorar y exaltar y baruk el qadosh Nombre de el Adowan 𐤀𐤄𐤉𐤄 AHAYAH de Ruahoth.

10. Y El va a llamar todos los ejercitos de los Shamayim, y todos los qadoshim arriba, y los ejercitos de Alohay 𐤀𐤄𐤉𐤄 AHAYAH, el Cherubim, Seraphim, y Ophanim, y todos los malakim de poder, y todos los malakim de autoridades, y ha Mashiach Unico, y las otros poderes en ha aretz y sobre las aguas. 11. En ese yom van ellos levantar una voz, y baruk y alabar y exaltar en la ruah de fidelidad, y en la ruah de sabiduria, y en la ruah de paciencia, y en la ruah de kesed y la ruah de discernimiento y de shalom, y en la ruah de yashar, y van todos decir con una voz; Baruk es 𐤀𐤄𐤉𐤄 AHAYAH Alohay, y baruk sea el Nombre de Alohay 𐤀𐤄𐤉𐤄 AHAYAH 𐤀𐤔𐤀 ASHAR 𐤀𐤄𐤉𐤄 AHAYAH el Adowan 𐤀𐤄𐤉𐤄 AHAYAH de Ruahoth para siempre y siempre."

12. Todos los quien no duermen arriba en el Shamayim van a baruk a Alohay: todos los qadoshim que estan en el Shamayim van a baruk a Alohay, y todos los elegidos que habitan en el Jardin de la Vida; Y cada ruah de luz que pueden a baruk, y alabar; y exaltar, y en barekah qadosh a Tu baruk Nombre, y toda carne va mas que puedan medir exaltar y baruk Tu Nombre para siempre y siempre.

13. Por que grande es el kesed de el Adowan ヨㄥㅋ⼌ AHAYAH de Ruahoth, y Alohay es paciente en enojar, Y todas obras de ヨㄥㅋ⼌ AHAYAH y todo que a creado ヨㄥㅋ⼌ AHAYAH a revelado a los yasharim y elegidos, en el Nombre de el Adowan ヨㄥㅋ⼌ AHAYAH de Ruahoth Alohay de los Ejercitos."
(MattithYah 21:4-10/23:37-39)

Juicio de los Reyes y los Poderosos:
Bien Aventuranza de los Tzadokim.

62 Y entonces asi hizo Alohay ヨㄥㅋ⼌ AHAYAH mando los reyes y los poderosos y los orgullosos, y esos que habitan sobre ha aretz, y dijo: "Abre tus ojos y levanta para arriba tus cuernos si ustedes pueden a reconocer ha Mashiach Unico."

2. Y el Adowan ヨㄥㅋ⼌ AHAYAH de Ruahoth lo sento a El en el trono de la Shakanah de ヨㄥㅋ⼌ AHAYAH, y la ruah de yashar estaba derramada sobre El, y la palabra de la boca de El mata todos los malhechores transgresores que quebrantan la Tor'ah, y todos los malvados estan destruidos de ante el rostro de El. (4 Esdras 13:11-12/Hizzayan 19:11-21)

3. Y alli van a pararse de pie en ese yom todos los reyes y los poderosos, y los orgullosos, y esos que gobiernan ha aretz, y ellos van a ver y reconocer como El se sienta en el trono de la Shakanah de El, y yashar esta juzgado adelante de El. y ninguna mentirosa palabra esta hablada ante El.

4. Luego va venir dolor sobre ellos como una mujer que esta en los pactos de dolores y ella tiene dolor en dando a luz a la vida

Cuando su hijo entra en la boca del seno materno, y ella tiene dolor en dando a luz a nacer la vida.

5. Y una parte de ellos va a mirar a la otra y ellos van a sentirse aterrorizados, y ellos van a ser arrojados para abajo abatidos de suyos rostros, y dolor va a apoderarse deteniendo los a ellos, cuando ellos vean a ese Ben de Adam sentado en el trono de la Shakanah de ᴧZᴧꓘ AHAYAH.

6. Y los reyes y los poderosos y todos que tienen posesion de ha aretz van a baruk y alabar y exaltar lo a El que reina sobre todo, Quien estaba ocultado.

7. Por que desde el principio el Ben de Adam estaba ocultado, y Alohay Shadd ᴧZᴧꓘ AHAYAH lo preservo a El en la presencia de SuYo poder, y lo revelo a El a los elegidos.

8. Y la asamblea de los elegidos y qadoshim va a ser sembrado, y todos los elegidos van a parar se de pie ante El en ese yom.

9. Y todos los reyes y los poderosos y los orgullosos y esos que gobiernan sobre ha aretz van a caerse para abajo postrados de rodillas en suyas caras, y adorar y ponen suyas esperanzas en ese Ben de Adam, y hacen peticion a El y suplican por piedad en SuYas manos.

10. De todas maneras aun asi que el Adowan ᴧZᴧꓘ AHAYAH de Ruahoth va a presurar los a ellos que se vayan rapidamente de adelante de SuYa presencia, y suyas caras van a hacerse llenados de verguenza, y la oscuridad va a crecer profundo sobre suyas caras.

11. Y va entregar los a ellos a los malakim por castigo, para ejecutar venganza sobre ellos por que ellos han oprimido los hijos y los elegidos de Alohay ᴧZᴧꓘ AHAYAH.

12. Y ellos van a ser un espectaculo por los yashar y por los elegidos de El: ellos van a regocijar sobre ellos, por que la colera del Adowan ᴧZᴧꓘ AHAYAH de Ruahoth reposa sobre ellos, y la espada de El esta ebria con suyas sangre. *(Hizzayan/Rev 19)*

13. Y los yasharim y elegidos van a ser salvados en ese yom, y ellos van nunca de alli para adelante ver la cara de los transgresores que quebrantan la Tor'ah y malhechores.
14. Y el Adowan 𐤉𐤄𐤅𐤄 AHAYAH de Ruahoth va a reinar sobre ellos, y con ese Ben de Adam van ellos cenar y descansar acostados para abajo y levantarse para arriba para siempre y siempre.
15. Y los yasharim y elegidos van a ser levantados de ha aretz, y van a parar de a ser abatidos en suyos rostros.
16. Y ellos van a ser envueltos con mantos de resplandor en majestad y ellos van a ser los mantos de vida de el Adowan 𐤉𐤄𐤅𐤄 AHAYAH de Ruahoth: y tus mantos nunca van a hacerse viejos, ni tu resplandor a pasarse ante el Adowan 𐤉𐤄𐤅𐤄 AHAYAH de Ruahoth.

El Vano Repentimeinto de los Reyes y los Poderosos.

63 *En esos yomiym van los poderosos y los reyes que tienen posesion de ha aretz imploraran a Alohay a permitir los a ellos a tener un poco de descanso de los malakim de castigo de 𐤉𐤄𐤅𐤄 AHAYAH Alohay a quien ellos estaban entregados, para que ellos puedan caerse para abajo rostro en tierra de rodillas y adorar con alabanzas ante el Adowan 𐤉𐤄𐤅𐤄 AHAYAH de Ruahoth y confesar suyos trangresiones de quebrantar la Tor'ah ante Alohay.*
2. Y ellos van a baruk y exaltar al Adowan 𐤉𐤄𐤅𐤄 AHAYAH de Ruahoth, y dicen: "Baruk es el Adowan 𐤉𐤄𐤅𐤄 AHAYAH de Ruahoth y Melak ha Melakim, y Shadd 𐤉𐤄𐤅𐤄 AHAYAH de los poderosos y Alohay de los ricos y el Adowan 𐤉𐤄𐤅𐤄 AHAYAH de la Shakanah y el Adowan 𐤉𐤄𐤅𐤄 AHAYAH de la Sabidura;
3. Y esplendido en cada cosa secreta es Tu poder de generacion en generacion, y Tu shakanah para siempre y siempre; hondo y

profundo son todos Tus secretos y innumerable, Tu Yashar es mas alla de que se puede reconocer.

4. Ahora nosotros amos aprendido que nosotros debemos exaltar y baruk el Melak ha Melakim (Rey de Reyes) y Alohay quien es Rey sobre todo reyes."

5. Y ellos van a decir: "Si podeamos tener descanso a exaltar y dar gracias y confesar nuestra fidelidad ante SuYa majestad!

6. Y ahora nosotros deseamos por un poco descanso, pero no lo encontramos: Nosotros buscamos sobre eso y no lo obtenemos: y la luz a desaparecido de ante nosotros, oscuridad es nuestro lugar de morada para siempre y siempre.

7. Por que nosotros no hamos creido adelante de El, ni exaltado el Nombre de el Adowan ᴥᴧᴁᵶ AHAYAH de Ruahoth, ni exaltado a nuestro Adowan ᴥᴧᴁᵶ AHAYAH pero nuestra esperanza estaba en la vara de nuestro reino, y en nuestra gloria.

8. y en el yom de nuestro sufrimiento y tribulacion El no nos salva y nosotros no encontramos descanso para confesion, que nuestro Alohay Adowan ᴥᴧᴁᵶ AHAYAH es verdadero en todos SuYa obras, y en SuYo juicio y SuYo yashar; y SuYo juzgamiento no tiene respecto a personas.

9. Y nosotros nos pasamos a muerte ante el rostro de Alohay en cuenta de nuestras obras, y todas nuestras transgresiones que violaban la Tor'ah en desobedencia estan reconocidos decubiertos en el tzadok.

10. Ahora ellos van a decir entre ellos mismos: "Nuestras almas estan llenas de ganancias de maldad, pero no hace eso a prevenir nos de descender de entre medio de este lugar adentro el pesado yugo de Sheol".

11. Y despues de esto suyas caras van hacerse llenos de oscuridad Y verguenza ante ese Ben de Adam, Y van a ser expulsados de SuYa presencia, Y la espada va a ser puesta ante suya cara entre medio de ellos.

12. Asi hablo el Adowan ᎯᏃᎯᎩ AHAYAH de Ruahoth: "Este es el mandamiento y juzgamiento sobre los poderosos, y los reyes y orgullosos y esos que tienen posesion de ha aretz ante el Adowan ᎯᏃᎯᎩ AHAYAH de Ruahoth." (Habaquq 2:2-20)

Hizzayan-Revelacion de los Nephilim en el Lugar de Castigo.

64 Y a otras formas Yo mire ocultadas en ese lugar. 2. Yo escuche la voz de un malak diciendo: "Estos son los nephilim que descendieron a ha aretz, y revelaron lo que estaba ocultado a los hijos de Adam y seducian a tentar los hijos de Adam a que cometieran trangresion a quebrantar la Tor'ah."

Hanok Predice a Noah el Diluvio y Suyo propio Preservacion

65 Y en esos yomiym Noah miro ha aretz que se habia quebrado en pedazos y hundido para abajo y suya destruccion estaba cercas. 2. Y el se levanto de alli y fue a los fines de ha aretz, y lloro con voz potente a su abuelo el padre de su padre Hanok: y Noah dijo tres veces con una voz amarga "Escucha me, escucha me, escucha me.

3. Y Yo dije ante el: "Dime que es eso que esta cayendo se sobre ha aretz que ha aretz esta en tanto mala crisis y turbado temblando, y que por posibilidad Yo voy a perecer con ella." 4. Y alli en eso estaba un grande alborote en ha aretz, y una voz estaba escuchada de el shamayim, y Yo me cai en mi cara rostro en tierra.

5. Y Hanok mi abuelo vino y se paro de pie ante mi, y me dijo a mi; "Por que a usted llorado ante mi con un amargo lloro y lamento?"

6. Un mandato a salido de enfrente de la presencia de Alohay ᎯᏃᎯᎩ AHAYAH sobre esos que habitan en ha aretz en que suya ruina esta cumplida por que ellos han aprendido todos los secretos de los nephilim malakim, y toda la violencia de los

serpientes, y todos suyos poderes los mas secretos y todo el poder de esos que practican hechicería, y el poder de brujería de encantamiento y el poder de esos que hacen imagenes talladas fundidas de metales para toda ha aretz:

7. Y como plata esta producida de el polvo de ha aretz, y como metales blandos originan adentro ha aretz.

8. Por eso plomo y estaño no estan producidos de ha aretz como el primero: es una fuente que los produce a ellos, y un malak se para de pie allí adentro, y ese malak es preeminente. 9. Y despues de eso mi abuelo el padre de mi padre Hanok me tomo de la mano y me levanto para arriba, y me dijo a mi: "Vaya, por que Yo a preguntado el Adowan 𐤄𐤆𐤄𐤉 AHAYAH de Ruahoth de como toco este deorden sobre ha aretz.

10. Y Alohay 𐤄𐤆𐤄𐤉 AHAYAH me dijo a mi: "Por que de suyas maldades suyo juicio a sido determinado y no va a ser detenido para atras por Mí para siempre. Por que la hechicería que ellos han buscado y aprendido, ha aretz y esos que habitan sobre ella van a ser destruidos."

11. Y estos-ellos no tienen lugar de arrepentimiento para siempre, por que ellos han enseñado a ellos lo que estaba ocultado, y ellos son maldecidos condenados: pero en cuanto a ti, mi hijo, el Adowan 𐤄𐤆𐤄𐤉 AHAYAH de Ruahoth sabe que usted esta puro, y no tienes culpa de esta reprenda en respeto a los secretos.

12. Alohay a destinado tu nombre a ser entre los qadoshim, y va a preservar te entre esos que habitan en ha aretz, y a destinado tu yashar tzadok semilla para los dos la realeza de reinos y por grandes honores, y de tu semilla va proceder una fuente de los yasharim y qadoshim que no tiene ningun numero es innumerable para siempre."

Los Malakim de la Aguas Mandados a Detener los en Lugar.

66 Y despues de eso me enseño a mi los malakim de castigo que estan preparados a venir y dejar soltar todos los poderes de las aguas en que estan abajo en ha aretz en orden a traer juicio y destruccion a todos que habitan en ha aretz.

2. Y el Adowan ᴬᶻᴬᵡ AHAYAH de Ruahoth ordeno un mandato a los malakim que iban a ir adelante, que ellos no hacieran a causar las aguas a levantarse pero que debian a detener los a ellos en lugar: por que esos malakim estaban sobre los poderes de las aguas. 3. Y Yo me fui de la presencia de Hanok. *(Hizzayan/Revelacion 7:1)*

La Promesa de ᴬᶻᴬᵡ AHAYAH a Noah: Lugares de Castigo de los Nephilim y de los Reyes.

67 Y en esos yomiym la palabra de Alohay ᴬᶻᴬᵡ AHAYAH vino ante mi, y El me dijo a mi: "Noah tu parte a venido arriba ante Mi, una parte que no tiene culpa, una parte de kesed y yashar.

2. Y ahora los malakim estan haciendo una construccion de madera, y cuando ellos han cumplido esa obra Yo voy a poner Mi mano sobre ella y presevar la y de alli va a venir adelante de ella la semilla de vida, y un cambio va a ser puesto para que ha aretz no se quede con ningun habitante.

3. Y Yo voy a ser permanecer tu semilla ante mi para siempre y siempre, y Yo voy dispersar por todos lados esos que habitan contigo: y no va ser que no de fruto sobre la superficie de ha aretz, pero ella va a ser baruk y se va a multiplicar sobre ha aretz en el Nombre de Alohay ᴬᶻᴬᵡ AHAYAH."

4. Y Alohay va imprisionar esos nephilim, que han enseñado maldad, en ese valle de fuego quemando en que mi abuelo Hanok me habia antes enseñado a mi en el oeste entre las montañas de oro y plata y hiero y metales blandos y estaño.

5. Y Yo mire en ese valle en que habia un gran temblor y una convulsion de las aguas.

6. Y cuando todo esto tomo lugar, de ese alumbrado metal derritido en fuego y de la convulsion de alli en ese lugar, estaba producido un olor de sulfur, y estaba en conexion con esas aguas, y ese valle de los nephilim que habian dirigido errantes a todos los hijos de Adam quemaban abajo esa tierra de aretz.

7. Y entre suyos valles proceden arroyos de fuego, donde estos nephilim estan castigados los que habian dirigido errantes a esos que habitan sobre ha aretz.

8. Pero esas aguas van en esos yomiym servir para los reyes y los poderosos y los orgullosos, y esos que habitan sobre ha aretz, por la sanacion del cuerpo, pero aun por el castigo de la ruah; por que ellos ahora suya ruah esta lleno de codicia, para que ellos puedan a ser castigados en suyo cuerpo, por que ellos han negado el Adowan ᕟᒣᕟᘔ AHAYAH de Ruahoth y ven suyo castigo diario, y aun todavia no creen en SuYo Nombre.
(Hizzayan/Rev 8:10-11)

9. Y en proporcion mientras el quemando de suyos cuerpos se hace severo, un correspondiente cambio va a tomar lugar en suya ruah para siempre y siempre; por que ante Alohay Adowan ᕟᒣᕟᘔ AHAYAH de Ruahoth nadien va a hablar una palabra impura. 10. Por que el juicio va venir sobre ellos, por que ellos confian en la codicia de suyo cuerpo y niegan el Adowan ᕟᒣᕟᘔ AHAYAH de Ruahoth.

11. Y esas mismas aguas van a pasar un cambio en esos yomiym; por que cuando esos nephilim estan castigados en estas aguas, estos manantiales de agua van a cambiar suya temperatura, y cuando los nephilim ascienden, esta agua de los manantiales va cambiar y hacerse fria.

12. Y Yo escuche Miykahyal contestando y diciendo: "Este juicio en donde los nephilim estan juzgados es un testimonio para los reyes, y los poderosos que tienen posesion de ha aretz."

13. Por que estas aguas de juicio ministran a la sanacion de el cuerpo de los reyes y la codicia de suyo cuerpo; por eso ellos no van a ver y no van a creer que esas aguas van a cambiar a hacerse una lumbre ardiente que quema para siempre.
(Hizziyan/Revelacion 8:10-11/9:13-19/15:4-5)

Miykahyal y Rafahyal Atonitos a la Severidad del Juicio.

68 Y despues de eso mi abuelo Hanok me entrego la enseñanza de todos los secretos en el libro y en las Parabolas que habia dado a el, y el los puso a ellos juntos para mi en las palabras de el Libro de las Parabolas.

2. Y en ese yom Miykahyal contesto a Rafahyal y dijo: " El poder de la ruah mueve profundo y me hace a temblar por que de la severidad del juicio de los secretos, el juicio de los nephilim; quien podra a soportar el severo juicio que a estado ejecutado, y ante uno que ellos se derriten a desaparecer?"

3. Y Miykahyal contesto otra vez, y dijo a Rafahyal; " Quien es el qual en su corazon no se siente conmovido sobre eso, y quienes riendas no estan turbados por esta palabra de juicio que a salido adelante sobre ellos por que de esos que han dirigido los a ellos para afuera?"

4. Y vino a pasar cuando el se paro de pie ante Alohay Adowan ᐱᘔᗜᛉ AHAYAH de Ruahoth, Miykahyal dijo asi a Rafahyal: "Yo no voy a tomar suya parte abajo el ojo de Alohay Adowan ᐱᘔᗜᛉ AHAYAH; por que el Adowan ᐱᘔᗜᛉ AHAYAH de Ruahoth a estado enojado con ellos por que ellos hacen como si fueran Alohay.

5. Por eso todo que esta escondido va a venir sobre ellos para siempre y siempre; por que ni malakim ni adam va tener suya parte en ella, pero solo ellos que han recibido suyo juicio para siempre y siempre.

Advertencia! malditos cruzados: Shemoth/Exodo 23:13
"No invoquen a poderosos extranjeros, ni siquiera los nombren."
Los Nombres y Funciones de los Nephilim y los
Serpientes: el Juramento Secreto.

69 Y despues de esto juicio ellos van a ser terrorizados y hacer los a ellos temblar por que ellos han enseñado esto a esos que habitan en ha aretz.

2. Y estos son los nombres de esos nephilim y suyos nombres son; el primero de ellos es ~~semjaza~~, el segundo ~~artaqifa~~, y el tercero ~~armen~~, el cuarto ~~kokabil~~, el quinto ~~turael~~, el sexto ~~rumjal~~, el septimo ~~danjal~~, el octavo ~~neqael~~, el noveno ~~baraqel~~, el decimo ~~azazel~~, el once ~~armaros~~, el doce ~~batarjal~~, el trece ~~busasejal~~, el catorce ~~hananel~~, el quince es ~~turel~~, el deiz y seis ~~simapesiel~~, el diez y siete ~~jetrel~~, el diez y ocho ~~tumael~~, el diez y nueve ~~turel~~, el viente ~~rumael~~, el viente uno ~~azazel~~. 3. Y estos son los capitanes de suyos nephilim y suyos nombres, y suyos capitanes sobre cien y sobre cincuenta y sobre diezes.

Los Serpientes

4. La nombre del primero ~~jeqon~~; este es, el uno que dirigio errantes todos los hijos de Alohay, y los trajo a ellos para abajo a ha aretz, y los dirigio errantes por entre las hijas de Adam. 5. Y el segundo esta nombrado ~~asbeel~~; el impartio a los sagrados hijos de Alohay consejo de maldad, y los dirigio a ellos errantes para que ellos pudieran a ser profanados en impureza en suyos cuerpos con las hijas de Adam. 6. Y el tercero esta nombrado ~~gadreel~~: el es quien enseño los hijos de Adam todo los golpes de muerte, y el dirigio errante a Eva, y enseño los instrumentos de muerte a los hijos de Adam el escudo, la armadura de coraza, y la espada para guerra, y toda las armas de muerte a los hijos de Adam. 7. Y de su mano ellos proceden contra esos que habitan sobre ha de aretz desde ese yom y para siempre.

8. Y el cuarto esta nombrado ~~penemue~~; el enseño a los hijos de Adam lo amargo y lo dulce, y el enseño a ellos todos los secretos de suyos sabiduria.

9. Y el instruyo los hijos de Adam a escribir con tinta y papel, y asi en esa forma muchos quebraban la Tor'ah transgresando desde eternidad a eternidad y hasta este yom. 10. Por que Adam no estaba creado por este proposito, a dar confirmacion a suyo buena fidelidad con pluma y tinta. 11. Por que Adam estaba creado exacto como los malakim, a proposito para que ellos podian a continuar puro y tzadok, y muerte, que destruye toda cosa, no podia a tomar los agarrando se de ellos: pero por entre esto suyo conocimiento ellos estan pereciendo, y entre medio este poder me esta consumiendo.

12. Y el quinto esta nombrado ~~kasdeja~~: este es el quien enseño los hijos de Adam todos los malditos golpes de ruah y demonios, y los golpes de la semilla de vida adentro el seno materno, para que pueda pasar a el otro lado a murir, y los golpes de la alma las mordidas del serpiente, y los golpes que pasan entre medio yom calor, el hijo del serpiente nombrado ~~tabaet~~. 13. Y esta es la obra de ~~kasbeel~~, el capitan del juramento que el enseño a los sagrados cuando el habitaba en las alturas arriba en gloria, y su nombre es ~~biqa~~. 14. Este nephilim peticiono a Miykahyal a enseñar le el ocultado nombre, para que el pudiera invocar lo en el juramento, para que esos podian temblar ante ese nombre y juramento que revelo todo lo que estaba en secreto de los hijos de Adam.

15. Y este es el poder de este juramento, por que es poderoso y fuerte, y el puso este juramento akae en la mano de Miykahyal.

16. Y estos son los secretos de este juramento... y ellos son fuerte entre su juramento: y el shamayim estaba puesto en su lugar antes que el mundo estaba creado, y para siempre.

17. Y entre ella ha aretz estaba fundada sobre la agua, y desde los secreto rincones de las montañas viene hermosa aguas, desde la creacion del mundo y hasta eternidad.

18. Y por entre ese juramento el mar estaba creado, Y como suya bases Alohay ᴧZᴧ⊀ AHAYAH puso por ella la arena contra el tiempo de su enojo, y no se treve a pasar mas para alla desde la creacion del mundo aretz hasta eternidad.

19. Y entre este juramento las honduras estan hechos firmes puesto, y obedecen y no se mueven de suyo lugar desde eternidad hasta eternidad.

20. Y por entre ese juramento el sol y luna cumplen suyo curso y no se desvian de suyas ordenes desde eternidad hasta eternidad.

21. Y por el juramento los luminarios cumplen suyos cursos, Y Alohay ᴧZᴧ⊀ AHAYAH los llama a ellos por suyos nombres, y ellos responden a Alohay ᴧZᴧ⊀ AHAYAH desde eternidad hasta eternidad para siempre y siempre.

22. Y en la misma forma los ruahoth de las aguas, y de los vientos, y de todos los zephyrs, y suyo caminos de todos las quatro punto cardinales de los vientos.

23. Y alli estan preseravdos las vozes de el trueno y la luz de los relampagos; y alli estan las tesorerias de reservas de granizo y las tesorerias de reservas de helado neblina (escarcha), y las tesorerias de reservas de densa neblina, y las reservas de la lluvia y de el rocio.

24. Y todos esos creen y dan gracias ante el Adowan ᴧZᴧ⊀ AHAYAH de Ruahoth, y lo alaban a Alohay con todo suyo poder, y suya comida esta en cada hecho de acción de gracias en barekah ellos dan gracias y alaban y exaltan el Nombre de el Adowan ᴧZᴧ⊀ AHAYAH de Ruahoth para siempre.

25. Y este juramento (la Palabra) esta poderoso sobre ellos, Y por entre ella estan preservados y suyos caminos estan preservados, Y suyo curso no esta destruida.

Fin de La Tercera Parabola.

26. Y habia gran alegria entre ellos, y ellos en barekah adoraban y alababan y exaltaban, por que el Nombre de ese Ben de Adam habia sido revelado ante ellos.

27. Y El se sento en el trono de la shakanah de El, Y la cuenta de medir juicio estaba dado ante el Ben de Adam, y El causo los malhechores que transgresan la Tor'ah a perecer Y a ser destruidos de afuera de la superficie de ha aretz, y esos que han dirigido extraviados errantemente a perdicion.

28. Con cadenas van ellos a ser atados, Y en suyo lugar de asamblea de destrucción van ellos a ser imprisionados, y todas suyas obras van a desparecer de la superficie de ha aretz,

29. Por que de alli en adelante no va haber nada que pueda corromperse, por que ese Ben de Adam a aparecido, y se a sentado en el trono de SuYa Shakanah, y toda maldad va a perecer a muerte ante el rostro de El 'YAHSHA AHAYAH". La palabra de ese Ben de Adam va ir adelante y ser fuerte ante el Adowan ᴎZᴎ𐤀 AHAYAH de Ruahoth.

(Hizzayan/Revelacion 19:11-22)

Esta es la tercera Parabola de Hanok.

La Final Traslacion de Hanok.

70 Y vino a pasar despues de esto su nombre entre su tiempo de vida estaba levantado a lo alto a ese Ben de Adam y a Alohay Adowan ᴀᴌᴈᵞ AHAYAH de Ruahoth de entre esos que habitan en ha aretz. (Hechos 1:1-11)
2. Y el estaba levantado a las alturas sobre los carros de la ruah y suyo nombre se desaparecio entre ellos. 3. Y desde ese yom ya no estaba mas nombrado entre ellos; y El me puso entre medio de los dos vientos. Entre medio el norte y el oeste, donde los malakim llevaron las cuerdas a medir para el lugar por los elegidos y yasharim. 4. Y alli Yo mire los primeros padres y los yasharim de donde que desde el principio moraban viviendo en ese lugar.

Dos Anterior Hizzayan-Revelaciones de Hanok.

71 Y vino a pasar despues de esto que mi ruah estaba traslado y ella ascendio adentro los Shamayim: Y Yo mire los qadosh hijos de Alohay ᴀᴌᴈᵞ AHAYAH. Ellos estaban pisando sobre llamas de fuego: Suyas ropas estaban blancas y suyas vestiduras y suyas caras se miraban brillando como nieve.
2. Y Yo mire dos arroyos de lumbre, y la luz de ese fuego se miraba como Hyscinth, y Yo me cai en mi cara rostro postrado de rodillas adelante el Adowan ᴀᴌᴈᵞ AHAYAH de Ruahoth.
3. Y el malak Miykahyal uno de los jefe capitanes commandante malakim me agarro a mi por la mano derecha. Y me levanto a mi para arriba me dirigio adelante adentro entre los secretos, y el me enseño todos los secretos de yashar.
4. Y el me enseño todos los secretos de los fines del Shamayim. Y todas las reservas de tesoros de todos los mundos, y todos los luminarios, de donde cual ellos proceden ante la cara de los qadoshim.

5. Y el traslado mi ruah adentro del Shamayim de shamayim, y Yo mire como se fuera una structura construida de cristales, y entre medio esos cristales lenguas de vivo fuego. *(Hechos 2:2-4)*

6. Y mi ruah miro alrededor lo que rodeaba esa casa de lumbre, Y en suyo cuatro lados estaban arroyos llenos de fuego vivo, Y ellos estaban alrededor de esa casa.

7. Y alrededor estaban Seraphim, Cherubim, y Ophanim: Y estos son ellos que no duermen, y guardan el trono de la Shakanah de Alohay ᎦᏃᎦᏯ AHAYAH.

8. Y Yo mire malakim que no podian a ser contados, Y un mil milares, y diez miles mas diez miles, alrededor de esa casa, Y Miykahyal, y Rafahyal, y Gabriyal, Phanayal, Y los qadosh malakim que estan arriba del Shamayim, van adentro y para afuera de esa casa.

9. Y ellos vinieron adelante de esa casa, y Miykahyal, Rafahyal, y Gabriyal, y Phanayal, y muchos qadosh malakim que no se podian contar innumerable.

10. Y con ellos el Anciano Qadosh de Yomiym, SuYa Cabeza blanca y pura como lana, y SuYo manto de vestiduras no hay palabras para describirlo. *(Danyal 7:9-11)*

11. Y Yo me cai en mi cara, y mi entero cuerpo se volvio relajado, y mi ruah estaba transfigurado; y Yo llore con una voz fuerte, ... con la ruah de poder, y barekah salio alabando y honrando y exaltando.

12. Y estas barekahoth que salieron adelante afuera de mi boca estaban bien agradables adelante de el Qadosh Anciano de Yomiym.

13. Y el Qadosh Anciano de Yomiym vino con Miykahyal y Gabriyal, Rafahyal, y Phanayal, miles y diez miles de malakim que no se podia contar el numero.

(Perdida parafrasis del texto donde el Ben de Adam esta describido acompañando el Qadosh Anciano de Yomiym, y

Hanok pregunto uno de los malakim (como en capitulo 46:3) en respecto a el Ben de Adam y quien El era.)

14. Y el malak vino a mi y me saludo a mi con la voz de El, y adelante de mi dijo: "Este es el Ben de Adam que estaba nacido a yashar; y yashar habita sobre El, y la Yashar de el Qadosh Anciano de Yomiym no lo abandona a El." *(Tehilim 24)*

15. Y el me dijo a mi: "El proclama a usted shalom en el nombre de el mundo que va a venir; Por que de alli a procedido shalom desde la creacion de el mundo aretz, y asi va ser ante usted para siempre y siempre. *(Yohanan 14:26-27)*

16. Y todos van a caminar en SuYo caminos por que el yashar nunca lo abandona a El. Con El va hacerse suyo lugar de vivir, y con El suya herencia, y ellos no van a ser separados de El para siempre y siempre.

17. Y entonces va a ver largas medidas de vida de yomiym con ese Ben de Adam, y los yasharim van a tener shalom y un derecho recto camino en yashar, en el Nombre de el Adowan ᚨᚺᚨᚤ AHAYAH de Ruahoth para siempre y siempre."

El Libro del Curso de los Luminarios
Del Shamayim.
El Sol.

72 El Libro de los cursos de los luminarios de el shamayim, la relacion de cada uno, acuerdo con las clases de ellos, suyo dominio y suyo tiempo, acuerdo a suyos nombres y lugares de origin, y acuerdo a suyos meses, que Uriyal, el qadosh malak, quien estaba conmigo, que es suyo dirigiente, me enseño; y el me enseño todas suyas leyes exactamente como ellos estan, y como es que pertenece a todo los años de el mundo aretz y hasta eternidad, hasta que la nueva creacion esta cumplida que va durar hasta eternidad. (Bereshiyth/ Genesis 1:14-18 Yashayah 65:1 /66:22)

2. Y esta es la primera ley de los luminarios: el luminario el sol se levanta en nacimiento en los portales del este del shamayim, y se pone a atardecer en los portales del oeste del shamayim. 3. Y Yo mire seis portales en que el sol se levanta en nacimiento amaneciendo, y seis portales en que el sol se atardece en; y la luna se levanta y baja en estos portales, los dirigientes que estan enfrente de los luminarios y esos quien ellos dirigen: seis en el este y sies en el oeste, y todos sigiendo cada una a la otra en precisamente la orden que les corresponde: Tambien muchas ventanas a la derecha y izquerda de estos portales.

4. Y primero va adelante el gran luminario, nombrado el sol, y suyo circunferencia es como la circunferencia de el shamayim, y el esta bien lleno con lumbre que esta illuminando y calentandose. 5. El carro en que se asciende, el viento conduce. Y el sol va para abajo desde el shamayim y regresa por entre el norte en orden a alcanzar el este, y asi esta dirigido para que el venga a suyo apropiado portal y brilla en la cara de el shamayim. 6. En esta manera el se levanta en el primero mes en el grande portal, que es el cuarto de esos sies portales en el este.

7. Y en ese cuarto portal de donde el sol se levanta en el primer mes estan doce aberturas de ventanas, de donde procede una

llama cuando ellos estan abiertos en suyos tiempos de temporada. *(Tehilim/salmo 19)*

8. Cuando el sol se levanta a amanecer en el shamayim, el viene adelante por entre ese cuarto portal en el oeste del shamayim. 9. Y entre este tiempo el yom se vuelve mas largo diario y la noche mas corta de oscuridad hasta la treinta mañana. 10. En ese yom el yom es mas largo de que la noche por una parte novena, y el yom se acumula exacto a diez partes y la noche a ocho partes. 11. Y el sol se levanta a amanecer de ese cuarto portal, y se pone atardecer en el cuarto y regresa a el quinto portal en el este treinta mañanas, y se levanta a amanecer de el y se pone a atardecer en el quinto portal. 12. Y luego el yom se vuelve mas largo por dos partes y se acumula a once partes, y la noche se vuelve mas corta y se acumula a siete partes. 13. Y ella regresa a el este y entre adentro el sexto portal uno y treinta mañanas en cuenta de suya señal.

14. En ese yom el yom se vuelve doble la noche, y el yom se vuelve doce partes, y la noche esta mas corta y se vuelve seis partes. 15. Y el sol se monta para arriba para hacer el yom mas corto y la noche mas larga, y el sol regresa a el este y entra adentro el sexto portal, y se levanta a amanecer de allí y se pone a atardecer treinta mañanas. 16. Y cuando treinta mañanas estan cumplidos, el yom se vuelve menos por exacto una parte, y se vuelve once partes, y en la noche siete. 17. Y el sol va adelante de ese sexto portal en el oeste, y va a el este y se levanta a amanecer en el quinto portal por treinta mañanas, y se va a atardecer en el oeste otra vez en el quinto portal del oeste. 18. En ese yom disminuye por dos partes, y se acumula a diez partes y la noche a ocho partes. 19. Y el sol va adelante de ese quinto portal y se pone a atardecer en el quinto portal del oeste, y se levanta a amanecer en el cuarto portal por uno y treinta mañanas en cuenta de suya señal, y se pone a atardecer en el oeste. 20. En ese yom el yom es igual con la noche, y se

vuelve igual de largo, y la noche se acumula a nueve partes y el yom a nueve partes.

21. Y el sol se levanta a amanecer de ese portal y se pone a atardecer en el oeste, y regresa a el este y se levanta a amanecer treinta mañanas en el tercero portal y se pone a atardecer en el oeste en el tercero portal.

22. Y en ese yom la noche se vuelve mas largo que el yom, y la noche se vuelve mas largo que noche, y yom mas corto que yom hasta la treinta mañana. Y la noche se acumula a exacto a diez partes y el yom a ocho partes. 23. Y el sol se levanta de ese tercer portal y se pone a atardecer en el tercer portal en el oeste y regresa a el este y por treinta mañanas se amanece levantando se en el segundo portal en el oeste del shamayim.

24. Y en ese yom la noche se acumula a once partes y el yom a siete partes. 25. Y el sol se levanta a amanecer en ese yom de ese segundo portal y se atardece bajandose en el oeste en el segundo portal, y regresa a el este adentro entre el primer portal por una y treinta mañanas, y se pone a atardecer bajandose en el primer portal en el oeste del shamayim.

26. Y en ese yom la noche se vuelve mas larga y se acumula a exacto doce partes y el yom a seis. 27. Y el sol a en eso a atravesado las divisiones de suyo orbito y se voltea otra vez sobre esas divisiones de suyo orbito, y entre ese portal treinta mañanas y se pone a atardecer bajandose tambien en el oeste a el contrario a el poniente a el. 28. Y en esa noche a la noche disminuye en larga por una novena parte, y la noche se vuelve once partes y el yom siete partes. 29. Y el sol a regresado y entrado entre el segundo portal en el este, y regresa sobre esos suyas divisiones de suyo orbito por treinta mañanas, amaneciendo y atardeciendo. 30. Y en ese yom la noche disminuye en medidas de largo, y la noche se acumula a diez partes y el yom a ocho. 31. Y en ese yom el sol amanece levantandose de ese portal, y se atardece bajandose en el oeste, y

regresa a el este, y se amanece levantandose en el tercer portal una y treinta mañanas, y se atardece bajandose en el oeste del shamayim. 32. En ese yom la noche disminuye y se acumula a nueve partes, y el yom a nueve partes, y la noche es igual a el yom y el año es exacto a suyos yomiym trescientos y sesenta cuatro. (364) 33. Y la medida de largo de el yom y de la noche, y el corto de el yom y de la noche se levanta por entre el curso del sol estas distinciones estan hechas ellas estan separados. 34. Asi viene que suyo curso se vuelve diario mas largo, y suyo curso en la noche mas corto disminuye. 35. Y esta es la ley y el curso del sol, y suyo regreso cuantas veces que el regresa sesenta tiempos y amanece levantandose, el grande luminario que esta nombrado el sol, para siempre y siempre. 36. Y ese que asi amanece levantandose es el grande luminario, y es asi nombrado acuerdo a suya aparencia, de acuerdo como Alohay ᴲZᴣ𝟜 AHAYAH a mandado. 37. Cuando el amanece levantandose, asi el atardece bajandose y no disminuye, y no descansa, pero corre yom y noche, y su luz es siete veces mas brilloso de que esa de la luna; pero en respecto de tamaño ellos son igual los dos.

La Luna y su Fases de Tiempos.

73 Y despues de esta ley Yo mire otra ley tratando con la mas chica luminario, que esta nombrada la luna. 2. Y suya circunferencia es como la circunferencia del shamayim, y su carro en que ella se monta esta conducida por el viento, y luz esta dado a ella en medida definitiva.

3. Y suyo nacimiento levantandose y atardeciendo bajandose se cambia cada mes: y los yomiym de ella son como los yomiym del sol, y cuando la luz de ella esta uniforme en llena ella se acumula a la septima parte de la luz del sol. 4. Y asi ella se levanta. Y la primera fase de tiempo en el este viene adelante en la treinta mañana: y en ese yom ella se vuelve a ser visible, y

constituye por ti la primera fase de tiempo de la luna en el yom treinta junto con el sol en el portal de donde el sol amanece levantandose. 5. Y la mitad de ella va adelante por una septimal parte, y toda la circunferencia de ella esta vacia, con ninguna luz, con la excepcion de una septimal parte de ella, y la catorce parte de la luz de ella. 6. Y cuando ella recibe un septimo parte de la mitad de su luz, la luz de ella se acumula a un septimo parte y la mitad de ella.

7. Y ella se pone a bajar con el sol, y cuando el sol amanece levantandose la luna se levanta con el y recibe una mitad de una parte de luz, y en esa noche en el principio de suya mañana en el comienzo del yom lunar la luna se pone a bajar atardeciendo con el sol, y es invisible esa noche con las catorce partes y la mitad de una de ellos. 8. Y ella se levanta en ese yom con exactamente una septima parte, y viene adelante y retrocede desde donde se levanta amaneciendo el sol, y en los yomiym que sobran de ella se vuelve ella brillosa en las trece partes que sobran.

El Año Lunar.

74 Y Yo mire otro curso una ley para ella y como de acuerdo a esa ley ella realiza su revolucion mensual. 2. Y todo esto Uriyal, el qadosh malak que es el dirigente de ellos todos, me enseño a mi, y suyos posiciones, y Yo escribe suyos posiciones mientras el los enseñaba ellos a mi, y Yo escribe suyos meses como ellos eran, y la aparencia de suyas luzes hasta quince yomiym estan cumplidos. 3. En una sola a siete partes ella cumple todo suya luz en el este, y en uno a siete partes cumple toda suya oscuridad en el oeste. 4. Y en cierto meses ella altera donde se pone puesta a atardecer, y en cierto meses ella persigue llendose en su propio curso peculiar. 5. En dos meses la luna se va puesta a ir suyo curso a amanecer y atardecer hasta la madrugada poniendose para abajo a amanecer con el sol en esos

portales de en medio del tercero y cuarto. 6. Ella va adelante llendo por siete yom, y voltea alrededor y regresa otra vez por entre el portal de donde el sol amanece en nacimiento levantandose, y cumple todo suya luz: y ella retrocede del sol, y en ocho yomiym entra el sexto portal de donde el sol sale adelante.
7. Y cuando el sol va adelante de el quarto portal ella va adelante siete yomiym hasta que ella va adelante de el quinto y voltea para atras otra vez en siete yomiym adentro el cuarto portal y cumple toda su luz: y ella se vuelve mas debil retrocede y entra adentro el primer portal en ocho yomiym.
8. Y ella regresa otra vez en siete yomiym adentro en el cuarto portal de donde el sol va saliendo adelante. 9. Asi Yo mire suyas posiciones como las lunas se levantan y el sol atardece bajandose en esos yomiym 10. Y se cinco años estan aumentados juntos el sol tiene de mas que sobre sale de treinta yomiym, y todo los yomiym que se acumulan a el por uno de esos cinco años, cuando ellos estan lleno, acumulan a 364 yomiym 11. Y de mas que sobre sale de el sol y de los luminarios acumulan a seis yomiym: en 5 años 6 yomiym cada año viene a 30 yomiym: Y la luna se cai para atras de el sol y luminarios a el numero de 30 yomiym. 12. Y el sol y los luminarios traen en todos los años exactos, para que ellos no puedan avanzar o atardarse a retrasar suyas posiciones por un yom solo hasta eternidad; pero cumplen los años con rectitud perfecto en 364 yomiym.
13. En 3 años son 1092 yomiym, y en 5 años 1820 yomiym, para que en 8 años hay 2912 yomiym. 14. Por que la luna sola los yomiym acumulan en 3 años a 1062 yomiym, y en 5 años ella se cai para atras 50 yomiym a el total de 1770 va a ser aumentados 1000 y 62 yomiym. 15. Y en 5 años son 1770 yomiym, para que por la luna los yomiym en 8 años se acumulan a 2832 yomiym. 16. por que en 8 años ella se cai para atras se retrasa a el total de 80 yomiym, todo los yomiym ella se cai para atras

retrasandose en 8 años son 80. 17. Y el año es precisamente cumplido en conformidad con suyas estaciones mundial y las estaciones del sol, en que se levanta amaneciendo de los portales de entre en cual el sol amanece y atardece 30 yomiym.

75 *Y los jefes que dirigen las cabezas de los miles, que estan puestos sobre la entera creacion y sobre todo los luminarios, tienen tambien que ver con los cuatro intercalario yomiym, siendo inseparable de suyos funciones de poder, acuerdo a el calculacion del año, y estos rinden servicio en los cuatro yomiym en que intercalculan en la calculacion del año. 2. Y debido a ellos los hijos de Adam van en mal error alli en eso, por que esos luminarios rinden en verdad servicio sobre las estaciones mundial, uno en el primer portal, uno en el tercero portal del shamayim, uno en el cuarto portal, y uno en el sexto portal, y el exacto del año esta cumplido entre suyo separado tres cientos y sesenta cuatro estaciones.*

3. Por que las señales y los tiempos y los años y los yomiym el malak Uriyal me enseño a mi, quien el Adowan ᗅᘔᗅᕼ *AHAYAH de la Shakanah a puesto para siempre sobre todo los luminarios del shamayim, en el shamayim y en el mundo aretz, para que ellos puedan a gobernar sobre la superficie del shamayim y a ser vistos en ha aretz, y a ser dirigentes por el yom y la noche, el sol, la luna, y luminarios, y todo las creaturas administrando que hacen suya revolucion en todo los carros del shamayim. 4. En tal manera doce puertas me enseño Uriyal, abrir en la circunferencia del carro del sol en el shamayim, de entre que los rayos del sol se quebrantan saliendo adelante: y de ellos esta calor difundido sobre ha aretz, cuando ellos estan abiertos en suyos apuntados tiempos de temporada. 5. Y por los vientos y la ruah de el rocio cuando ellas estan abiertos, colocados en posicion abiertos en los shamayim a los fines de suyo limites. 6. Y por los doce portales en el shamayim, a los* fines de ha aretz, de donde sale adelante el sol, luna, y luminarios, y todas las obras del shamayim en el este y en el oeste. 7. Alli hay muchas ventanas abiertas a la izquierda y derecha de ellos, y una ventana a suya apuntada tiempo de temporada produce calor, correspondiente como estos hacen a esas puertas de donde los luminarios vienen saliendo adelante acuerdo como AHAYAH Alohay a mandado a ellos, y de donde ellos se ponen puesto colocados en posición correspondiente a suyo numero. 8. Y Yo mire carros en el shamayim, corriendo en el mundo, arriba sobre esos portales en que en revoluciones hace girar vueltas los luminarios que nunca se ponen puestas abajarse.

9. Y una es mas grande de que todo los de mas, y es esto que hace suyo curso entre el entero mundo de ha aretz.

Los Doce Vientos y Suyos Portales de Puertas.

76 Y a los fines de ha aretz Yo mire doce portales de puertas abiertos a todos cuartos del shamayim, de donde los vientos van saliendo adelante y soplan sobre ha aretz. 2. Tres de ellas estan abiertos sobre la frente hacia a el este de los shamayim, tres en el oeste, y tres en la derecha hacia a el sur del shamayim, y tres en la izquierda hacia a el norte. (Hizzayan/Revelation 7:1)

3. Y los tres primeros son esos de el este, y tres son de el norte, y tres despues de esos en la izquierda de el sur, y tres de el oeste.

4. Por entre esos cuatro de estos vienen vientos de berakah y prosperidad, y de esos ocho vienen violentos vientos cuando ellos estan mandados, ellos traen destruccion sobre toda ha aretz y sobre las aguas sobre ella, y sobre todo que habita sobre ella, y sobre cada cosa que esta en las aguas y sobre ha aretz.

5. Y el primero viento de esos portales de puertas, llamado el este viento viene adelante entre el primer portal en que esta en el este inclinado hacia para el sur: de ella viene adelante desolacion, sequia, caliente calor, y destruccion.

6. Y entre el segundo portal en el medio viene lo que es apropiado, y de allí de ella viene lluvia y da buen fruto y prosperidad y rocío; y entre el tercer portal que esta hacia al norte viene frío y sequía.

7. Y despues de estos viene adelante los vientos del sur entre tres portales: entre el primer portal de ellos inclinando hacia a el este viene adelante un viento caliente.

8. Y entre el medio portal en lado de ella de allí viene adelante fragantes olores, y rocío y lluvia, y prosperidad y salud.

9. Y entre el tercer portal estirando hacia al oeste viene adelante rocío y lluvia, langostas y desolación.

10. Y despues de estos los norte vientos: de el septimo portal en el este viene rocío, langostas, y desolación.

11. Y de el medio portal viene en una directa direccion salud y lluvia y rocío y prosperidad; y de entre el tercer portal en el oeste viene densa neblinas y helado hielo, y nieve y lluvia, y rocío y langostas.

12. Y despues de estos cuatro son los vientos del oeste: entre el primero portal juntandose a el norte viene adelante rocío, y helado hielo, frío y nieve, y helada escarcha.

13. Y desde el portal de en medio viene adelante rocío y lluvia, y prosperidad y barekah; y entre el ultimo portal que se junta a el sur viene adelante sequía y desolación, y ardiente calor y destruccion.

14. Y los doce portales de puertas de los cuatro cuartos del shamayim estan en allí cumplidas, y toda suyas leyes y todas suyas plagas y todo suyos benefecios de bien hechos Yo a enseñado a tí, mi hijo Mathushalah.

Los Cuatro Cuartos del Mundo Aretz:
Las Siete Montañas, los Siete Ríos.

77 Y el primer cuarto esta llamado el este, por que es el primero: y el segundo, el sur, por que Alohay Shadd ᗱᘔᗱꓘ AHAYAH va a descender alli, si alli en un bien especial sentido va El quien es Baruk para siempre descender.

2. Y el oeste cuarto esta nombrado el disminuido, por que alli todos los luminarios del shamayim disminuyen menos a menguar y se van para abajo.

3. Y el cuatro cuarto, nombrado el norte, esta dividido entre tres partes: el primero de ellos es por el lugar de habitar de los hijos de Adam: y el segundo contiene mares de agua, y los abismos y bosques y rios, y oscuridad y humo de neblinas; y la tercera parte contiene el Jardin de Yashar.

4. Yo mire siete alta montañas, mas altas de que todas las montañas que estan sobre ha aretz: y de alli viene adelante helado hielo, y yomiym, tiempos de temporadas, y años se pasan a ser no mas.

5. Y Yo mire siete rios en ha aretz mas grande de que todos los rios: uno de ellos viniendo del oeste derrama suyas aguas adentro en la Gran Mar.

6. Y estos dos vienen del norte a la mar y derrama suyas aguas adentro en la Mar Erythraean en el este.

7. Y las cuatro que sobran vienen adelante sobre el lado del norte a suyo propio mar, dos de ellos a la Mar Erythraean, y dos adentro en la Gran Mar y descargan derramando ellas mismas alli y unos dicen: adentro en el desierto.

8. Siete gran islas Yo mire en la mar y en la continente de ha aretz: dos en el continente de ha aretz y cinco en la Gran Mar.

El Sol y Luna: el Crecimiento y Disminuiendo de la Menguamento de la Luna.

78 Y los nombres del sol son los siguiente: el primero Orjares, y el segundo Tomas. 2. Y la luna tiene cuatro nombres: el primer nombre es Asonja, la segunda Ebla, el tercero Benase, y el cuarto Erae. 3. Estos son los dos grande luminarios: Suya circunferencia es como la circunferencia del shamayim, y la medida del tamaño de la circunferencia de los dos son iguales parecidos. 4. En la circunferencia del sol hay siete partes de luz en que estan aumentados a el mas de que la luna, y en definitivas medidas esta transferido hasta que la septima parte del sol esta agotado.

5. Y ellos se ponen puesto para abajo y entran el portal del oeste, y hacen suya revolucion de vuelta por el norte, y vienen adelante entre los portales del este sobre la frente del shamayim. 6. Y cuando la luna se levanta una catorce partes aparece en el shamayim: la luz se vuelve llena en ella: en el yom catorce ella cumple su luz. 7. Y la quince partes de luz estan transferido a ella hasta el yom quince cuando la luz de ella esta cumplida, acuerdo a la señal de el año, y ella se vuelve quince partes, y la luna crece en adicion de catorce partes. 8. Y en el disminuyendo de menguamento de ella la luna se reduce en el primer yom a catorce partes de la luz de ella, en el segundo a trece partes de luz, en la tercera a doce, en la cuarta a once, en el quinto a diez, en el sexto a nueve, en el septimo a ocho, en el octavo a siete, en la novena a seis, en el decimo a cinco, en el once a cuatro, en el doce a tres, en el trece a dos, en el catorce a la mitad de un septimo, y toda la luz que sobra de ella desaparece completamente en el quince.

9. Y en cierto meses el mes tiene veinte nueve yomiym y una vez veinte ocho. 10. Y Uriyal me enseño otra ley: cuando luz esta transferido a la luna, y en cual lado esta transferido a ella por el sol. 11. Entre todo el tiempo mientras que la luna esta

creciendo en su luz, ella esta transfiriendo a ella misma cuando en contrario a el sol entre catorce yomiym suya luz esta cumplida en el shamayim, y cuando ella esta illuminada entre todo, suya luz esta cumplida en el shamayim.

12. Y en el primer yom ella esta llamada la luna nueva (levahonah), Por que en ese yom la luz se levanta sobre ella. 13. Ella se vuelve luna llena exactamente en el yom cuando el sol se pone a atardecer llendo para abajo en el oeste, y de el este ella se levanta en la noche, y la luna brilla toda la noche hasta que el sol amanece sobre el contrario de ella y la luna esta vista sobre el contrario del sol. 14. En el lado cuando la luz de la luna viene adelante, en eso otra vez ella disminuye a menguar hasta que toda la luz desaparece y todos los yomiym de el mes estan a un final, y suya circunferencia esta vacio, nulo de luz.

15. Y tres meses ella hace de treinta yomiym, y en suya tiempo de ella hace tres meses de viente nueve yomiym cada uno, en que ella cumple su disminuiendo de menguar en la primer etapa de tiempo, y en el primer portal por cien y setenta siete yomiym. 16. Y en el tiempo de su salida afuera ella aparece por tres meses de treinta yomiym cada uno, y por tres meses ella aparece de veinte nueve cada uno. 17. En la noche ella aparece como un adam hombre por veinte yomiym cada tiempo, y por yom ella aparece como el shamayim, y no hay nada mas en ella excepto su luz.

Recapitulacion de Varios de las Leyes.

79 Y ahora, mi hijo, yo a enseñado a usted todas cosas, y la ley de todos los luminarios del shamayim esta cumplido. 2. Y el me enseño todas las leyes de esos por cada yom, y por cada tiempo de temporada de que mantiene dominio, y por cada año, y por suyos saliendo a aparecer adelante, y por la orden prescribido a el cada mes y cada semana: 3. Y por el disminuiendo de menguar de la luna que toma lugar en el sexto portal: por que en este sexto portal la luz de ella esta cumplida, y despues de eso esta el principio de disminuir a el menguamento:

4. Y cuando el disminuye de menguar toma lugar en el primero portal en suya temporada, hasta cien y setenta yomiym estan cumplidas: calculados acuerdo a semanas, viente cinco semanas y dos yomiym.

5. Ella se cai para atras retrocede detras del sol en la orden de los luminarios exacto cinco yomiym en el curso de un period, y cuando este lugar que usted a visto hacido travesado.

6. Tal es el retrato y diseño de proposito de cada luminario que Uriyal el malakim jefe, que es suyo dirigente, enseño delante de mi.

80 Y en esos yomiym el malak Uriyal contesto y me dijo a mi: Mira, Yo a enseñado a ti todas cosas para que usted pudiera ver este sol y esta luna, y los dirigentes de los luminarios del shamayim y todo esos que hacen girar volteando a ellos, suyas obras y tiempos y viajes de partida.

Perversion de la Naturaleza y los Cuerpos (Astros) del Shamayim debiendo a la Transgresion de los Hijos de Adam.

2. Y en los yomiym de los transgresores de la Tor'ah los años van a ser acortados, y suyas semillas van a ser tardante sobre suyas tierras y campos y todas cosas en ha aretz van a ser cambiadas a alterarse, y no van a aparecer en suyo tiempo: y la lluvia va a ser detenido para atras, y el shamayim va detener la a ella.

3. Y en esos tiempos las frutas de ha aretz van a ser al reves, Y no van a crecer en suyo tiempo, y las frutas de los arboles van a ser detenidos para atras en suyos tiempos. (Habaquq 3:17 Amos 3:15 Mattithyah 24:21-22)

4. Y la luna va a ser alterada de suya orden, y no aparecer en su tiempo.

5. Y en esos yomiym el sol va a ser visto y el va viajar en la tarde en la extremidad de el grande carro en el oeste y va brillar mas brilloso de lo acuerdo con la orden de luz.
6. Y muchos jefe capitanes de los luminarios van a transgresar la orden prescribido; y estos van a alterar suyos orbitos y tarea asignada, y no apareceran en las temporadas prescribido a ellos. (YashaYah 30:26/ MattithYah 24:29/ Hizzayan/Rev. 6:12- 9/12)
7. Y la entera orden de los luminarios van a ser ocultados de los trangresores y los pensamientos de esos en ha aretz van a ser errantes correspondiendo a ellos, y ellos van a ser alterados de todo suyos caminos, si, ellos seran errantes y tomar los a ellos a ser poderosos. (2 Melakim/Reyes 17:6-20 Yermiyah 8:8)
8. Y maldad va a ser multiplicado sobre ellos, y castigo va venir sobre ellos para que sean destruidos todos.

Las Tabletas del Shamayim y la Mision de Hanok.

81 Y el me dijo a mi: "Observa, Hanok, estas tabletas del shamayim, y lee lo que esta escrito en ella, y marca cada individual hecho."
2. y Yo observe las tabletas del shamyim, y lee cada cosa que estaba escrito en ella y entendi cada cosa, y lee el libro de todas las obras de los hijos de Adam, y de todos los hijos de la carne que van a habitar sobre ha aretz hasta las mas remotas generaciones.
3. Y de alli en adelante Yo hize barekah alabando al Shadd 𐤀𐤄𐤉𐤄 AHAYAH, el Melak de la Shakanah para siempre, en eso que 𐤀𐤄𐤉𐤄 AHAYAH a hecho toda las obras del mundo aretz. Y Yo exalte el Adowan 𐤀𐤄𐤉𐤄 AHAYAH por que de SuYa paciencia, y di barekah alabando a Alohay por que debido a los hijos de Adam.
4. Y despues de eso Yo dije: "Baruk es el adam quien muere en yashar y kesed, correspondiendo a esos quien no hay libro de

maldad escrito, y contra quien ningun yom de juicio va a ser encontrado."

5. Y esos siete qadoshim me traeron y me pusieron en ha aretz ante la puerta de mi casa, y me decian a mi: "Declara cada cosa a tu hijo Mathushalah, y enseña a todos tus hijos y hijas que ninguna carne es buena en la vista de Alohay Adowan ㅋ꒕ㅋ𐤀 AHAYAH, por que es SuYo Creador.
(Romanos 3:10-31 Tehilim/Salmo 53:1-3 Marcos 10:18)

6. Un año nosotros te vamos a dejar a ti con tu hijo, hasta que usted a dado tu ultimo mandatos, que usted pueda enseñar a tus hijos y apunta lo grabado por ellos, y testifica declarando lo a todos tus hijos; y en el segundo año ellos van a llevar te a ti de entre medio de ellos.

7. Deja que tu alma sea fuerte, Por que los buenos van a proclamar yashar a los buenos; los yasharim con los yasharim van a regocijar, y van a ofrecer felicitaciones a uno al otro.

8. A pesar de todo los malhechores transgresores que quebrantan la Tor'ah van a morir con los malhechores transgresores, Y los apostatos van a ir para abajo a descender con los apostatos.

9. y esos quien practican lo bueno en yashar van a morir en cuenta de las obras de los hijos de Adam, y ser llevados lejos en cuenta de los hechos de los que niegan a Alohay los enemigos de ㅋ꒕ㅋ𐤀 AHAYAH."

10. Y en esos yomiym ellos terminaron a hablar me, y Yo vine a mi gente, en barekah alabando a Adowan ㅋ꒕ㅋ𐤀 AHAYAH Alohay del mundo aretz y el shamayim.

La Palabra entregada a Hanok: los Cuatro Intercalario Yomiym; los Luminarios que dirigen la Temporadas y los Meses.

82 Y ahora, mi hijo Mathushalah, todas estas cosas Yo recuento a ti y escribido grabado por ti, Yo a revelado a ti cada cosa, y a dado a ti libros perteneciendo todo esto: entonces por

eso preserva, mi hijo Mathushalah, los libros de las manos de tu padre, y que veas seguramente que usted lo entrega a ellos a las generaciones del mundo de aretz. 2. Yo a dado sabiduria a ti y a tus hijos, y a tus hijos que van a ser de ti, para que ellos puedan a dar lo a suyos hijos por generaciones, esta sabiduria nombrado que sobre pasa suyo pensamiento,

3. y esos quien la entiendan a ella no van a dormir, pero van a escuchar con el oido para que ellos puedan aprender esta sabiduria, y ella va complacer a esos que coman de alli mejor de que buena comida. (MattithYah 4:3-4/Dt.8:3)

4. Baruk son todos los yasharim, baruk son todo esos quien caminan en el camino de yashar y no trangresan la Tor'ah como los transgresores malhechores en consideracion de todo suyos yomiym en que el sol atravesa el shamayim, entrando adentro y llendo se de los portales por treinta yomiym con las cabezas de miles de la orden de los luminarios, juntos con los cuatro que son entre intercalarios que dividen los cuatro partes de el año, en que los dirigen a ellos y entran con ellos cuatro yomiym.

5. Debido a ellos los hijos de Adam van a ser culpables en error y no van a reconocer los a ellos en toda el calculo del año: si, los hijos de Adam van a ser culpables en error, y no calcular a ellos precisamente. (Danyal 7:25)

6. Por que ellos pertenecen a la calculacion del año y estan verdaderamente grabados alli en ellos para siempre, uno en el primer portal y uno en el tercero, y uno en el cuarto, y uno en el sexto, y el año esta completo en tres cientos y sesenta cuatro yomiym (364).

7. Y en la cuenta de ellos esta preciso y lo grabado calculado alli en eso es exacto; para los luminarios, y meses, y fiestas, y años y yomiym, a Uriyal enseñado y revelado a mi, a quien el Adowan ᕼᏃᕼᐯ AHAYAH Alohay de la creacion entera del mundo a subjetado los ejercitos del shamayim. 8. Y el tiene

poder sobre noche y yom en el shamayim a causar la luz a dar luz a los hijos da Adam, el sol, la luna, y los luminarios, y todos los poderes del shamayim que dan vuelta girando en suyos carros circular.

9. Estas son las ordenes de los luminarios, que estan puestos en suyos lugares, y en suyas temporadas y fiestas y meses.

10. Estos son los nombres de esos que los dirigen a ellos, que miran vigilando que ellos entren en suyos tiempos, en suyos ordenes, y en suyas temporadas, y en suyos meses, en suyos periodes de dominio, y en suyas posiciones. 11. Suyos cuatro jefes que dividen las cuatro partes de el año entran primero; y despues de ellos los doce jefes de las ordenes que dividen los meses; y por los tres cientos y sesenta yomiym hay jefes de cabezas sobre miles que dividen los yomiym, y por los cuatro yomiym que estan intercalario hay los dirigentes que dividen los cuatro partes de el año. 12. Y estas jefes de cabezas sobre miles estan puestos entre jefe y jefe, cada uno atras una estacion, pero aun suyos dirigentes hacen la division.

13. Estos son los nombres de los dirigentes que dividen las cuatro partes del año que estan puestos en orden: Milkiel, Helemmelek, y Melejal, y Narel. 14. Y los nombres de esos que los dirigen a ellos: Adnarel, y Iyashasael, y Elomeel estos tres siguen los dirigentes de las estaciones que dividen los cuatro partes del año.

15. En el principio del año Melkayal se levanta primero y reina dominando, quien esta nombrado Tamaini, y sol y todos los yomiym de suyo dominio mientras que el mantiene dominio son noventa uno yomiym. 16. Y estas son las señales de los yomiym en que estan para ser visto en la tierra de aretz en los yomiym de suyo dominio: sudor, y calor, y calmas tranquilas y todo los arboles les nacen frutas, y ojas estan producidas sobre todo los arboles, y la cosecha del trigo, y las flores de rosas, y todas las flores que vienen adelante en el campo, pero los arboles de la temporada del invierno se marchitan.

17. y esos son los nombres de los jefes que estan abajo de ellos: Berkael, Zelebs'el, y otro que esta aumentado a jefe de cabeza de un mil, llamado Hiluyaseph: y los yomiym de el dominio de este dirigiente estan a un fin.

18. el sigiente dirigiente despues de el es Helemmelak, quien uno nombra el brilloso sol, y todo los yomiym de su luz son noventa y uno yomiym.

19. Estos son las señales de suyo yomiym en ha aretz: radiente calor, sequia, y los arboles maduran suyos frutos y producen todas suyas frutas maduras y estan preparados, y las ovejas y borregos se hacen parejas y se vuelven embarazadas, y todas las frutas de ha aretz estan juntados para adentro, y cada cosa que esta en los campos, y la presa de vino: estas cosas toman lugar en los yomiym de su dominio.

20. Estos son los nombres, y las ordenes, y los jefes de esas cabezas de miles: Gidaiyal, Keel, y Heel, y el nombre de la jefe de Cabeza de un mil que esta aumentado a ellos, Asfael: y los yomiym de suyo dominio estan a un fin.

Los Sueños Revelaciones.
Primer Sueño Vision Hizzayan de el Diluvio.

83 Y ahora, mi hijo Mathushalah, Yo voy a enseñar te a ti todas mis visiones de hizzayan que Yo a visto, recontando los a ellos ante ti.

2. Dos visiones de hizzayan Yo mire antes que Yo tome una esposa, y el uno era bien diferente que el otro; el primero cuando Yo estaba aprendiendo a escribir, el segundo antes que Yo tome tu madre, cuando Yo mire una terrible revelacion en hizzayan. Y en respeto a ellos Yo ore rezando en suplica a Alohay Adowan ﬡﬣﬦﬡ AHAYAH.

3. Yo me habia acostado para abajo en la casa de mi abuelo el padre de mi padre Mahalalyal cuando Yo mire en una revelacion en hizzayan como el shamayim se derrumbo y estaba salido afuera de lugar y se cayo a ha aretz.

4. Cuando ella cayo a ha aretz yo mire como ha aretz estaba comida y devorada en un gran abismo, y montañas estaban derrumbandose sobre montañas y cerros se hundieron sobre cerros, y alto arboles estaban arrancados de suyos troncos, y arrojados para abajo y hundidos en el abismo.

5. Y alli en ese momento una palabra vino cayendo adentro mi boca, y Yo levante arriba mi voz a llorar fuerte, y dije: "ha aretz esta destruida."

6. Y mi abuelo el padre de mi padre Mahalalyal me desperto mientras Yo estaba acostado cercas de el, y me dijo a mi: "Por que ahora tu lloras asi mi hijo, y por que haces usted tal gritos en lamentos?

7. Yo reconte a el toda la vision de revelacion en hizzayan que Yo habia visto, y el dijo ante mi: "Una terrible cosa a usted visto, mi hijo y de momento grave es tu vision hizzayan de sueño en cuanto por los secretos de toda la maldad de transgresion de ha aretz: ella tiene que hundirse adentro el abismo y ser destruida con una grande destruccion. 8. Y ahora

mi hijo, levantate y haz suplica a Alohay Adowan ᴬᴴᴬʸᴬᴴ AHAYAH de la Shakanah, puesto que usted es un creyente fiel, para que un resto se pueda salvar permeneciendo sobre ha aretz, y para que Alohay ᴬᴴᴬʸᴬᴴ AHAYAH no pueda a destruir la entera tierra de aretz.

9. Mi hijo del shamayim todo esto va venir sobre ha aretz, y en ha aretz va ha ver grande destruccion.

10. Despues de eso Yo me levante y reze y suplique y implore y rogaba, y lo escribi para abajo mi suplica por las generaciones del mundo, y Yo voy a enseñar todo a ti, mi hijo Mathushalah.

11. Y cuando Yo habia venido adelante de abajo y mire el shamayim, y el sol almanecer en el este, y la luna puesta llendose para abajo en el oeste, y unos cuantos luminarios, y toda ha aretz, y toda cosa como ᴬᴴᴬʸᴬᴴ AHAYAH Alohay habia conocido a eso en el principio, luego Yo en barekah alabando a Adowan ᴬᴴᴬʸᴬᴴ AHAYAH Alohay de juzgamiento y lo exalte a El por que El a hecho el sol a ir adelante de las ventanas del este, y el ascendio y se levanto en la frente cara del shamayim, y se pone puesto a atardecer para abajo y sigue travesando el camino enseñado ante el.

La Barekah Suplica de Hanok.

84 Y Yo levante arriba mis manos en yashar y en barekah alabando al Qadosh y Alohay Unico ᴬᴴᴬʸᴬᴴ AHAYAH, y hable con el respiro de mi boca, y con la lengua de carne que Alohay ᴬᴴᴬʸᴬᴴ AHAYAH a hecho por los hijos de la carne de Adam, para que puedan hablar con ella, y Alohay les a dado a ellos respiro y una lengua y una boca para que ellos puedan hablar con ella.

2. Baruk sea Usted ᴬᴴᴬʸᴬᴴ AHAYAH ASHAR ᴬᴴᴬʸᴬᴴ AHAYAH, O Adowan, Melak, Alohay Shadd ᴬᴴᴬʸᴬᴴ AHAYAH Grande y Poderoso en Tu Grandeza, Adowan ᴬᴴᴬʸᴬᴴ AHAYAH

de toda la creacion del shamayim, Melak ha Melakim (Rey de Reyes) y Alohay de todo el mundo entero. Y Tu poder y reino y majestad de grandeza permanece para siempre y siempre, y entre todas las generaciones esta Tu dominio: y todos los Shamayim son Tu trono para siempre, (YashaYah 66:1) y toda ha aretz la tarima de Tus pies para siempre y siempre.

3. Por que Usted has hecho y Usted reinas sobre todas cosas, y nada es dificil para Usted, Sabiduria nunca se va de el lugar de Tu trono, ni se voltea la espalda de Tu presencia. Y Usted ᴴᴸᴴᵡ AHAYAH sabes y miras y oyes toda cosa, y no hay nada ocultado de Usted por que Usted ves toda cosa.

4. Y ahora los nephilim malakim de Tu Shamayim son culpables de trespasar, y sobre la carne de Adam habitara Tu colera hasta el gran yom del juicio.

5. Y ahora, O Alohay ᴴᴸᴴᵡ AHAYAH y Adowan y Gran Melak, Yo imploro y ruego a Usted a realizar mi suplica, a dejar me una descendencia de vida sobre ha aretz, y no a destruir toda la carne de Adam, y hacer ha aretz con ningun habitante, para que se pueda a ser una destruccion eternal.

6. Y ahora, mi Adowan ᴴᴸᴴᵡ AHAYAH, destruye de ha aretz la carne que a provocado Tu colera, pero la carne de tzadok y yashar establece como una planta de la eterna semilla, y no escondes Tu rostro de la suplica de Tu serviente, O Alohay ᴴᴸᴴᵡ AHAYAH ᵡWᵡ ASHAR ᴴᴸᴴᵡ AHAYAH."

El Segundo Sueño Revelacion Hizzayan de Hanok: La Historia del Mundo a el Establecimiento de el Reino Mashiahyim

85 Y despues de esto Yo mire otro sueño en hizzayan y Yo voy a enseñar todo el sueño a ti, mi hijo.

2. Y Hanok levanto arriba su voz y hablo a su hijo Mathushalah: 'A ti, mi hijo, voy Yo hablar: escucha mis palabras inclina tu oido a el sueño-hizzayan de tu padre.'

3. Antes que Yo tome tu madre Edna como esposa, Yo mire en un sueño hizzayan en mi cama, y mire un toro que vino adelante de ha aretz, y ese toro estaba blanco; y despues de el vino adelante una vaca, y tambien con esos despues vino dos toros uno de ellos negro y el otro rojo. 4. Y ese negro toro se lanzo en contra hacienda una herida de sangre a el que estaba rojo y lo persigio a el sobre ha aretz, y luego de alli en adelante Yo no podia a ver mas a ese rojo toro.

5. Y ese negro toro crecio y esa vaca se fue con el, y Yo mire que muchos bueyes procedieron de el los quien lo resemblaban y lo seguian a el.

6. Y esa vaca, esa que era primera, se fue de la presencia de ese primer toro en orden a buscar a ese que estaba rojo, pero no lo encontro a el, Y lamento con una gran lamentacion sobre el y lo busco a el.

7. Y Yo mire hasta que ese primer toro vino a ella y la consolo hacienda la silencia, y de ese tiempo en adelante ella no lloro mas.

8. Y despues de eso a ella le nacio otro toro blanco, y despues de el a ella le nacio muchos toros y vacas negras.

9. Y Yo mire en mi sueño a ese blanco toro como comenzo a crecer y se volvio un grande blanco toro, y de el procedian muchos blancos toros, y ellos lo resemblaban a el. 10. Y a ellos les comenzó a nacer muchos toros blancos, que se resemblaban a ellos, uno siguiendo a el otro, incluso hasta muchos.

La Caída de los Nephilim Malakim y la Demoralización de los Hijos de Adam.

86 Y otra vez Yo mire con mis ojos mientras Yo sonyaba dormiendo, y Yo mire el shamayim arriba, y mire un luminario caier del shamayim, y se levanto y comio y pasto entre esos bueyes.

2. Y despues de eso Yo mire los grandes y negro bueyes, y mire en vista que ellos todos cambiaron de suyos estables y pastos y suyas vacas, y comenzaron a vivir juntos uno con el otro. 3. Y otra vez Yo vi en la hizzayan vision, y mire hacia para el shamayim, y en vista Yo mire muchos luminarios descender y arrojarse ellos mismos para abajo del shamayim a ese primer luminario, y ellos se volvieron toros entre esas vacas y pastaron con ellas entre medio de ellas.

4. Y Yo mire a ellos y vi, en vista ellos todos dejaron salir afuera suyos miembros privados, como caballos, y comenzaron a cubrir las vacas de los bueyes, y ellas todas se volvieron embarazadas y les nacieron elefantes, camellos, y burros. 5. Y todos los bueyes los temian a ellos y tenian miedo de ellos, y comenzaron a morder con suyos dientes y a herir a sangre con suyos cuernos.

6. Y ellos comenzaron ademas a devorar a esos bueyes; Y mire en vista a todos los hijos de ha aretz a temblar y estremecer ante ellos y a huir de ellos.

El Advento de los Siete Malakim Jefe Capitanes.

87 Y otra vez Yo mire como ellos comenzaron a herir de sangre a el uno al otro y a devorar se uno al otro, y ha aretz comenzo a llorar a voz fuerte.

2. Y Yo levante mis ojos otra vez a el shamayim, y Yo mire en la hizzayan vision, y en vista mire que vino adelante del shamayim seres que estaban como blancos hijos de Adam: y cuatro fueron adelante de ese lugar y tres con ellos.

3. Y esos tres que habian venido adelante ultimo me agarraron tomando me por mi mano y me llevo para arriba, lejos afuera de las generaciones de ha aretz, y me levanto para arriba a un alto lugar, y me enseño una torre levantada alta arriba sobre ha aretz, y todos los montes estaban mas abajo. 4. Y uno me dijo a mi: "Permanece aqui hasta que usted miras cada cosa que va caierse sobre esos elefantes, camellos, y burros, y los luminarios y los bueyes, y a todos de ellos."

El Castigo de los Nephilim por los Malakim Jefe Capitanes.

88 Y Yo mire de esos cuatro que habian venido adelante primero, y el agarro a ese primer luminario que se habia caido del shamayim, lo amarro atado a el manos y pies y lo arrojo adentro un abismo: ahora ese abismo estaba angosto y hondo, y horrible y oscuro. 2. Y uno de ellos desenvano una espada, y se la entrego a esos elefantes y camellos y burros: luego ellos comenzaron a matar uno al otro, y la entera tierra de aretz se estremecio en temblores por causa de ellos.

3. Y mientras Yo estaba mirando a la vista en la hizzayan revelacion, vi, uno de los cuatro que se habia venido adelante les lanzo piedras a ellos del shamayim, y junto y se llevo a todos los grande luminarios quien miembros privados eran como esos de caballo, y los amarro atados a ellos todos manos y pies, y los arrojo a ellos en un abismo de ha aretz.

El Diluvio y la Yahsha (Salvacion) de Noah.

89 Y uno de esos cuatro fue a ese blanco toro y lo instruyeron a el en un secreto, y en su alma no temia: el estaba nacido un toro y se volvio un Adam, y edifico por el mismo una grande nave y habito sobre ella; y tres toros habitaron con el en esa nave y ellos estaban cubridos adentro.

2. Y otra vez Yo levante mis ojos para el shamayim y mire un alto techo, con siete torrentes de agua alli, y esos torrentes

corría la corriente con mucha agua adentro en un lugar encercado.

3. Y Yo mire otra vez, y a la vista fuentes estaban abiertos en el superficie de ese grande lugar que estaba encercado, y Yo vi ese lugar que estaba encercado hasta que todo suyo superficie estaba cubierta con agua. 4. Y la agua, la oscuridad, y neblina se aumento sobre ella, y mientras que Yo miraba a la altura de esa agua, esa agua se habia subido arriba la altura de ese lugar encercado, y estaba chorreando sobre ese lugar encercado, y se levanto sobre ha aretz.

5. Todas las vacas de ese lugar encercado estaban juntadas juntas hasta que Yo mire como ellas se hundieron y estaban consumidas y perecieron en esa agua.

6. Pero esa nave floto en las aguas, mientras todos los bueyes y elefantes y camellos y burros se hundieron a el fondo con todos los animales, hasta que Yo no pude ver los mas a ellos, y ellos no podian a escapar, pero perecieron y se hundieron adentro los abismos de lo hondo. *(Bereshyth/Genesis 7:1-24)*

7. Y otra vez Yo mire en la hizzayan vision hasta que esas torrentes de agua estaban removidas de ese alto techo, y los huecos de ha aretz estaban nivelados para arriba y otros abismos estaban abiertos.

8. Luego la agua comenzo a correr derramando se para abajo adentro de estos, hasta que ha aretz se hizo visible; pero esa nave se asento en ha aretz, y la oscuridad se retiro y la luz se aparecio.

9. Pero ese blanco toro que se habia volvido a ser un adam salio afuera de esa nave, y los tres toros con el, y uno de esos tres era blanco como ese toro, y uno de ellos estaba rojo como sangre, y uno negro: y ese toro blanco se fue llendose apartandose de ellos. *(Bereshyth/Genesis 8:1-17)*

Desde la Muerte de Noah a el Exodo (Shemoth).

10. Y ellos comenzaron a traer adelante bestias del campo y pajaros, entonces habia de alli levantandose diferente clases: leones, tigeres, lobos, perros, hyenas, cerdos salvajes, zorros, puercos, halcones, buitres, gavilanes, aguilas, y cuervos y entre ellos estaba nacido un blanco toro.

11. Y ellos comenzaron a morderse una al otro; pero ese blanco toro que estaba nacido entre ellos a el le nacio un burro salvaje y un blanco toro con el, y los burros salvajes se multiplcaron.

12. Pero ese toro que estaba nacido de el le nacio un negro verraco salvaje y una oveja blanca; y el que era anterior le nacio muchos verracos marranos, pero a ese borrego le nacieron doce ovejas.

13. Y cuando esas doce ovejas habian crecido ellos entregaron a uno de ellos a los lobos y esa oveja crecio entre los lobos. 14. Y el Adowan ᗅᒣᗅᛕ AHAYAH trajo las once ovejas a vivir con el y a pastar con el entre los lobos: y ellos se multiplicaron y se volvieron muchos rebaños de ovejas.

15. Y los lobos comenzaron a tener temor de ellos, y ellos los oprimieron a ellos hasta que ellos habian destruido suyos pequeños, y ellos arrojaron suyos pequeños jovencitos adentro en un rio de mucha agua; pero esas ovejas comenzaron a llorar con voz fuerte en cuenta de suyos pequeños, y a quejarse ante suyo Alohay ᗅᒣᗅᛕ AHAYAH. (Shemoth/Exodo 1:11-22)

16. Y una oveja que habia sido salvado de los lobos y se escapo y huio a los burros salvajes; y Yo mire las ovejas como estaban en lamento y lloraban, y buscaban suyo Alohay ᗅᒣᗅᛕ AHAYAH con todo suyas fuerzas, hasta que Alohay descendio a la voz de las ovejas de un lugar altisimo, y vino a ellos y los llevo a pastar a ellos.

17. Y Alohay ᗅᒣᗅᛕ AHAYAH llamo a esa oveja que habia escapado de los lobos, y hablo con el en pertenencia de los lobos que el debia reprender los a ellos que no tocaran las ovejas.

18. Y la oveja fue a los lobos acuerdo a la palabra de el Adowan ᴧƷᴧ𝟜 AHAYAH, y otra oveja lo encontro y se fue con el, y los dos fueron y entraron juntos adentro la asamblea de esos lobos, y hablaron con ellos y los reprendieron a ellos a no tocar las ovejas de alli en adelante jamas.

19. Y alli en ese momento Yo mire los lobos y como ellos oprimian las ovejas demasiado con todo su poder; y las ovejas lamentaron en voz fuerte.

20. Y el Adowan ᴧƷᴧ𝟜 AHAYAH vino a las ovejas y ellos comenzaron a dar golpes de muerte a esos lobos; y los lobos comenzaron a ser lamento; pero las ovejas se volvieron silencias y de alli en adelante terminaron a llorar en voz fuerte.

21. Y Yo mire las ovejas hasta que ellos se fueron marchandose de entre los lobos; pero los ojos de los lobos estaban ciegos, y esos lobos se fueron a perseguir a las ovejas con todo su poder. 22. Y el Adowan ᴧƷᴧ𝟜 AHAYAH Alohay de las ovejas se fue con ellos, como Jefe de ellos, y todas SuYa ovejas lo siguieron a El; y SuYa cara estaba deslumbrante y resplanderoso y terrible a ver.
(Yohanan 10:1-18)

23. Pero los lobos comenzaron a perseguir esas ovejas hasta que ellos alcanzaron un mar de agua. 24. Y ese mar estaba dividido, y las aguas se levantaron para arriba en un lado y por el otro ante suya cara, y suyo Adowan ᴧƷᴧ𝟜 AHAYAH los dirigio a ellos y se puso El mismo entre medio de ellos y los lobos.
(Shemoth/Exodo 1-15)

25. Y mientras esos lobos todavia ni miraban las ovejas, ellos procedieron adentro entre medio de ese mar, y los lobos persiguieron las ovejas, y esos lobos corrieron atras de ellos adentro en ese mar.

26. Y cuando ellos vieron al Adowan ᴧƷᴧ𝟜 AHAYAH de las ovejas, ellos dieron la vuelta a correr huyendo ante SuYo rostro, pero ese mar se junto a ella misma reunida, y se volvio como ella habia estado creado, y las aguas se lleno, y se levanto para

arriba hasta que cubrió esos lobos. 27. Y Yo mire hasta que todos los lobos que persiguian esas ovejas murieron y estaban ahogados.

Yasharal (Yisra'el) en el Desierto, la Tor'ah esta Entregada La Entrada dentro la Tierra Prometida.

28. Pero las ovejas escaparon de esa agua y fueron adelante adentro en un desierto, donde no habia agua y ni pasto; ellas comenzaron a abrir los ojos y a ver; y Yo mire al Adowan ⋺ℨ⋺⨉ AHAYAH de las ovejas pastando a ellas y dando les a ellas agua y pasto verde y a esa oveja saliendo y dirigiendo las a ellas. 29. Y esa oveja ascendio al cumbre de esa piedra en las alturas, y el Adowan ⋺ℨ⋺⨉ AHAYAH de las ovejas la envio a ellas. 30. Y despues de eso Yo mire el Adowan ⋺ℨ⋺⨉ AHAYAH de las ovejas quien se paro de pie ante ellas, y Suyo aparencia estaba grande y terrible y majestuoso, y todas esas ovejas lo miraron a El y tenian miedo ante Suyo rostro. 31. Y ellas todas estaban en temor y temblaban por que de El, y ellas estaban llorando a esa oveja que estaba con ellas entre ellas: "Nosotros no podemos a parar nos de pie ante nuestro Adowan ⋺ℨ⋺⨉ AHAYAH o a ver a Alohay ⋺ℨ⋺⨉ AHAYAH." 32. Y esa oveja que las dirigio a ellas otra vez fue a ascender a la cumbre de esa piedra, pero aun las ovejas comenzaron a ser ciegas y a desviarse de el camino que el habia enseñado a ellas, pero esa oveja no estaba alli en ese lugar.

33. Y el Adowan ⋺ℨ⋺⨉ AHAYAH de las ovejas estaba enojado mucho contra ellas, y esa oveja lo descubrio, y se fue para abajo del cumbre de esa piedra, y vino a las ovejas, y encontro la mayor parte de ellas ciegas y caidas alejadas.

34. Y cuando ellos miraron a El ellas tenian temor y temblaban en Suya presencia, y desearon a regresar a suyos corrales.

35. Y ese oveja tomo otros ovejas con el, y vino a esas ovejas que se habian caidos alejadas, y ellas regresaron a suyos apriscos.

36. Y Yo mire en esta hizzayan vision hasta que esta oveja se volvio un adam y construyo una casa por el Adowan ᴎZᴎꞍ AHAYAH de las ovejas, y puso todas las ovejas en esa casa.

37. Y Yo mire hasta que esa oveja que se habia encontrado a la otra oveja que las dirigio a ellas se fue a dormir: Y Yo mire hasta que todas las grandes ovejas habian perecido y pequeños se habian levantado en suyo lugar, y ellas vinieron a un lugar de pasto, y se acercaban a un arroyo de agua.

38. Luego esa oveja, su jefe que se habia vuelto un adam, se retiro de entre ellas y se fue a dormir, y todas las ovejas lo buscaban y lloraban sobre el con una grande lamentacion.

39. Y Yo mire hasta que ellas habian parado de llorar por esa oveja y habian cruzado ese arroyo de agua, y se levanto las dos ovejas como jefes en el lugar de esos que habian dirigidos a ellas y se habian dormido.

40. Y Yo mire hasta que las ovejas habian llegado a un lugar bueno, y una agradable y esplendida tierra, y Yo mire hasta que esas ovejas estaban satisfechas y esa casa se levanto para arriba entre ellas en la tierra esplendida.

De el Tiempo de los Jueces hasta la Construccion del Templo.

41. Y a veces los ojos de ellas estaban abiertos, y a veces ciegos, hasta que otra oveja se levanto para arriba y los dirigio a ellas y las trajo a ellas a volver todas parar atras, y suyos ojos estaban abiertos.

42. Y los perros y los zorros y maranos salvajes comenzaron a devorar esas ovejas hasta que el Adowan ᴎZᴎꞍ AHAYAH de las ovejas levanto para arriba otra oveja un carnero de entre medio de las ovejas, que los dirigio a ellas. 43. Y ese carnero comenzo a dar cabezasos en cada lado de esos perros, zorros, y maranos salvajes hasta que el habia destruido a todo de ellos.

44. Y esa oveja quien ojos estaban abiertos miro a ese carnero, que estaba entre las ovejas, hasta que el abandono su majestad y comenzo a dar cabezasos a esas ovejas, y a pisotear sobre ellas, y se porto el impropio.

45. Y el Adowan ᕤᘔᕤᙣ AHAYAH de las ovejas envio el cordero a otro cordero y le enseño criando lo a ser un carnero y jefe de las ovejas en vez de ese carnero que habia abandonado su majestad.

46. Y el fue a encontrarlo y hablo a el solo, y lo crio enseñando lo a el a ser un carnero, y lo hizo a el principe y jefe de las ovejas; pero aun entre todas estas cosas esos perros oprimian las ovejas.

47. Y el primer carnero persiguio a ese segundo carnero, y ese segundo carnero se levanto y huio ante el; y yo mire hasta que esos perros jalaron para abajo el primer carnero.

48. Y ese segundo carnero se levanto y dirigio las pequeñas ovejas.

49. Y esas ovejas crecian y se multiplicaban; pero todos esos perros, y zorros, y marranos salvajes tenian temor y huian ante el, y ese carnero pego cabezasos y mato las bestias salvajes, y esas bestias salvajes no tenian mas ningun poder entre medio de las ovejas y no robaban a ellas mas para nada. Y a ese carnero le nacio muchas ovejas y se cayo a dormir; y un pequeño borrego se volvio un carnero en su lugar, y se volvio un principe y jefe de esas ovejas.

50. Y esa casa se volvio grande y ancha, y estaba construida para esas ovejas: y una torre alta y grande estaba edificada sobre la casa para el Adowan ᕤᘔᕤᙣ AHAYAH de las ovejas, y esa casa estaba mas abajo, pero aun la torre estaba elevada y alta, y el Adowan ᕤᘔᕤᙣ AHAYAH de las ovejas se levanto puesto de pie sobre esa torre y le ofrecieron una llena mesa ante Alohay ᕤᘔᕤᙣ AHAYAH. *(1 Melakim/Reyes 2:2-12)*

Los Dos Reinos De Yasharal y Yahudah, Hasta la Destruccion de Yahrushalom.

51. Y otra vez Yo mire esas ovejas que ellas otra vez estaban errantes y andaban por muchos caminos, abandonaron a suya casa, y el Adowan ᚪᚴᚪᚷ AHAYAH de las ovejas llamo a unos de entre las ovejas y envio a ellas a las ovejas, pero las ovejas comenzaron a matar los a ellos.

52. Y una de ellas estaba salvado y no estaba asesinado, y el corrio de ellas y lloro a gritos fuertes en voz alta sobre las ovejas; y ellas buscaban a matar lo a el, pero el Adowan ᚪᚴᚪᚷ AHAYAH de las ovejas lo salvo de las ovejas, y lo trajo a el para arriba a mi, y lo causo a el a habitar alli.
(2 Melakim/2 Reyes 2:1-12)

53. Y muchas otras ovejas El envio a esas ovejas a dar testimonio ante ellas y a lamenter sobre ellas.

54. Y despues de eso Yo mire que cuando ellos abandonaron la casa de el Adowan ᚪᚴᚪᚷ AHAYAH y Suya torre ellas se caieron enteramente, y suyos ojos estaban ciegos; y Yo mire al Adowan ᚪᚴᚪᚷ AHAYAH de las ovejas como trabajo mucha matanza entre ellas en suyos rebaños hasta que esas ovejas invitaron esa matanza y tracionaron a Suyo lugar.
(2 Melakim/ 2 Reyes 17)

55. Y El los entrego a ellas en las manos de los leones y tigeres, y lobos y hienas, y en las manos de los zorros, y a todas las bestias salvajes, y esas bestias salvajes comenzaron a romper en pedazos a esas ovejas.

56. Y Yo vi que El abandono a esa SuYa casa y SuYa torre y los entrego a ellas todos adentro de las manos de los leones, a desgarrar y a devorar los a ellas, adentro en las manos de todas las bestias salvajes. (Yirmeyah 52)

57. Y Yo empeze a llorar fuerte en alta voz con todo mi poder, y a rogar en suplica al Adowan ᚪᚴᚪᚷ AHAYAH de las ovejas, y a representar lo a El en pertenencia a las ovejas que ellas

estaban devoradas por todas las bestias salvajes. 58. Pero aun El no se quedo conmovido, aun que El lo miro, y regocijo que ellas estaban devoradas y tragadas y robadas, y las dejo a ellas a ser devoradas en la mano de todas las bestias.

59. Y El llamo a setenta pastores y hecho esas ovejas a ellos para que ellos puedan a pastar las a ellas, y El hablo a los pastores y suyos compañeros; "Que cada uno de ustedes sea pastoreo de las ovejas de en adelante, y cada cosa que Yo voy a mandar a ti que lo hagan ustedes.

60. Y Yo voy a entregar las a ellas ante ti a su debido tiempo numerados, y a decir te a ti cual de ellas van a ser destruidos y tu destruiras a ellas." Y El las entrego ante ellos a esas ovejas.

61. Y El llamo a otro y le hablo a el: "Observa y marca toda cosa que los pastores van a ser a esas ovejas; por que ellos van a destruir mas de ellas de lo que Yo habia mandado a ellos.

62. Y cada que pasan en exceso y la destruccion que van a ser trabajados por entre pastores, graba inscrito nombrado cuantos ellos destruyen acuerdo a Mi mandato, y cuantos de acuerdo a suyo propio capricho: graba apuntado contra cada individual pastor toda la destruccion que el hace en efecto. 63. Y lee en voz alta adelante de Mi por numero cuantos ellos destruyen, y cuantos ellos entregan para destruccion, para que Yo pueda tener esto como un testimonio en contra de ellos, y a conocer cada obra de los pastores, para que Yo pueda comprender y ver lo que hacen ellos, a ver se si o no obedecen Mi mandato que Yo habia mandado a ellos. 64. Pero ellos no van a saber lo, y tu no vas a declarar lo a ellos, ni reprender los a ellos, pero solo graba apuntado contra cada individual toda la destruccion que los pastores causan en efecto cada uno en su tiempo, y acuesta lo estirado todo adelante de Mi"

65. Y Yo mire hasta que esos pastores pastoreaban en su tiempo de temporada, y ellos comenzaron a matar y a destruir mas de lo que ellos estaban pedidos, y ellos entregaron a esas ovejas en

las manos de los leones. 66. Y los leones y tigeres comieron y devoraron la mayor parte de esas ovejas, y los maranos comieron juntos con ellos; y ellos quemaron a esa torre y derribaron a esa casa.

67. Y Yo me volvi a ponerme con mucha tristeza sobre esa torre por que esa casa de las ovejas estaba derribada, y despues de esto Yo no pude a ver se esas ovejas entraron en esa casa.

Primer Epoca de los Soberanos Mensajeros
Desde la Destruccion de Yahrushalom
Hasta el Regreso de la Captividad.

68. Y los pastores asociados entregaron a esas ovejas a todas las bestias salvajes, a devorar las a ellas, y cada uno de ellos recibio en su tiempo un numero definitivo: estaba escrito por el otro en un libro cuantos cada uno de ellos destruyo de ellas.

69. Y cada uno mato y destruyo muchos mas que estaba prescribido; y Yo comenze a llorar y lamentar en cuenta de esas ovejas.

70. Y asi en la hizzayan revelacion Yo mire ese uno que escribio como el escribio apuntado cada una que estaba destruida por esos pastores, yom tras yom, y lo levanto para arriba y acosto estirado y enseño realmente todo el libro a el Adowan ᕳᏃᕳᚳ AHAYAH de las ovejas- hasta cada cosa que ellos habian hecho, y todo que cada uno de ellos que habian tomado llevandose los, y todos que ellos habian entregado a destruccion. 71. Y el libro estaba leido adelante el Adowan ᕳᏃᕳᚳ AHAYAH de las ovejas, y El tomo el libro de su mano y lo comenzo a leer lo y lo sello y lo puso acostado para abajo.

Segunda Epoca- Desde el Tiempo de Ciro hasta
ese de Alejandro la Bestia.

72. Y alli en adelante Yo mire como los pastores pastoreaban por doce horas, y a la vista mire tres de esas ovejas voltearse para

atras y vinieron y entraron y comenzaron a construir para arriba todo lo que se había caido para abajo de esa casa; pero aun los marranos trataron de estorbar las a ellas, pero ellos no podian a ser lo. *(Ezras 1-10/Neh. 1-13)*

73. Y ellas comenzaron otra vez a construir como antes, y ellas levantaron arriba a esa torre, y estaba nombrado la torre alta; Y ellas comenzaron otra vez a poner una mesa adelante la torre, pero todo el pan sobre ella estaba profanado y no puro.

74. Y mientras tocaron todo esto los ojos de esas ovejas estaban ciegos para que ellas no miraran, y los ojos de suyos pastores también; y ellos entregaron a ellas en grandes números a suyos pastores para destruccion, y ellos pisotearon las ovejas con suyos pies y las devoraron a ellas. 75. Y el Adowan ᴲᴸᴲ⚹ AHAYAH de las ovejas se quedo que no estaba conmovido hasta que todas las ovejas estaban dispersadas sobre el campo y se revolvieron con ellos las bestias, y ellos los pastores no los salvaron a ellas de la mano de las bestias. 76. Y ese uno que escribio el libro lo levanto para arriba, y lo enseño y lo leo adelante el Adowan ᴲᴸᴲ⚹ AHAYAH de las ovejas, y imploro a El en su cuenta, y le suplico a Alohay en su cuenta mientras el le enseño a El todos los hechos de los pastores, y entrego testimonio adelante El contra todos los pastores. 77. Y el tomo el libro verdadero y lo acosto estirado para abajo en lado de Alohay ᴲᴸᴲ⚹ AHAYAH y se fue. *(Hizzayan/ Revelación 5:1-14)*

Tercer Epoca desde Alejandro la Bestia
Hasta la Grecia – Syrian Dominacion.

90 Y Yo mire hasta que en esa manera treinta cinco pastores tomaron el trabajo de encargarse a el pastoreando de las ovejas, y ellos varios distintos completaron suyos tiempos como hizo el primero; y otros los recibieron a ellas adentro en suyas manos a pastorear las a ellas por su tiempo, cada pastor en su propio tiempo.

2. Y despues de eso Yo mire en mi hizzayan revelacion todo los pajaros de el shamayim venirse, las aguilas, los buitres, los halcones, los cuervos; pero aun las aguilas dirigian en frente todo los pajaros; y ellos comenzaron a devorar esas ovejas, y a picar sacando para afuera suyos ojos y a devorar suyas carnes.
3. Y las ovejas lloraban en voz alta por que suya carne estaban devorando los pajaros, y por mi parte Yo mire y lamente en mi sueño hizzayan sobre ese pastor quien pastoreaba las ovejas. 4. Y Yo mire hasta que esas ovejas estaban devoradas por los perros y aguilas y halcones, y ellos no dejaron ni carne ni piel ni tendon se quedo sobre ellas hasta que no mas suyos buesos se pararon de pie alli; y suyos buesos tambien se caieron en ha aretz y las ovejas se volvieron pocas. 5. Y Yo mire hasta que veinte tres se habian encargado de pastorear y cumplieron en suyos varios tiempos cincuenta ocho veces.

Cuarto Epoca- desde la Grecia – Syrian Dominacion hasta la Maccabiym Revuelta

6. Pero en vista mire corderos que estaban nacidos de esas blancas ovejas, y ellos comenzaron a abrir suyos ojos y a ver, y a llorar a las ovejas, 7. Si, ellos lloraron a ellas, pero aun ellas no escucharon lo que ellos les decian a ellas, pero estaban muy sordos, y suyos ojos estaban muy ciegos. 8. Y Yo mire en la hizzayan vision como los cuervos volaban sobre esas ovejas, y se llevaron uno de esos cordero borregos, y arrojaron las ovejas en pedazos y los devoraban a ellas.
9. Y Yo mire hasta que cuernos crecian en esos corderos, y los cuervos tumbaron para abajo suyos cuernos; y Yo mire hasta que salio creciendo un cuerno grande de una de esas ovejas, y suyo ojos estaban abiertos.
10. Y el miro a ellas y suyos ojos de ellas estaban abiertos. Y el lloro a las ovejas, y los carneros miraron a el y todos correan a el.

11. Y no aguantaron todo esto esas aguilas y buitres y cuervos y halcones todavia sigian a despedazando a las ovejas y caiendo en vuelo para abajo sobre ellas y los devoraban a ellas; aun las ovejas se quedaron en silencio, pero los carneros lamentaban y lloraban con voz fuerte.

12. Y esos cuervos pelearon y fueron a guerra con el y buscaban a humillar para abajo su cuerno, pero ellos no tenian poder sobre el.

El Ultimo Asalto de las Gentiles Naciones sobre los Yahudim.

13. Y Yo mire hasta que los pastores y aguilas y esos buitres y gavilanes y halcones vinieron. Y ellos lloraron a los cuervos para que ellos pudieran a quebrar el cuerno de ese carnero, y ellos fueron a guerra y combatieron con el, y el batallo con ellos y lloro en voz alta que suya ayuda podiera venir.

14. Y Yo mire hasta que ese adam, quien escribio para abajo inscrito los nombres de los pastores y llevo para arriba en la presencia de el Adowan ᎓Ɫ⅂Ꮞ AHAYAH de las ovejas vino y lo ayudo y le enseño toda cosa: el habia venido para abajo a descender para la ayuda de ese carnero. 15. Y Yo vi hasta que el Adowan ᎓Ɫ⅂Ꮞ AHAYAH de las ovejas vino a ellos enojado con colera, y todos quien lo miraban a El corrian a huir, y ellos todos se caieron en SuYa sombra de adelante SuYo rostro. 16. Todas las aguilas y buitres y cuervos y halcones estaban juntados juntos y alli vino con ellos todas las ovejas del campo, si ellos todos vinieron juntos, y ayudaron cada uno a el otro a quebrar ese cuerno de ese carnero. 17. Y Yo mire ese Adam, quien escribio el libro de acuerdo a el mandato de Alohay Adowan ᎓Ɫ⅂Ꮞ AHAYAH, hasta que el abrio ese libro perteneciendo la destruccion que esos doce ultimo pastores habian hecho y enseño que ellos habian destruido mucho mas que suyo antepasados los que eran antes de ellos, adelante el

Adowan ᎯᏃᎭᎬ AHAYAH de las ovejas. 18. Y Yo mire hasta que el Adowan ᎯᏃᎭᎬ AHAYAH de las ovejas vino a ellos y tomo en Suya mano la vara de Suya colera, y pego fuerte a ha aretz, y ha aretz se partio en partes, y todas las bestias y todas las aves del shamayim se caieron de entre esas ovejas, y estaban tragados adentro ha aretz y ella los cubrio a ellos. 19. Y Yo mire hasta que una grande espada estaba dada a las ovejas, y las ovejas fueron contra todas las bestias del campo a matar los a ellos, y todas las bestias y las aves del shamayim corrian a huir adelante de suyos rostros.

Juicio de los Nephilim, Los Pastores, y los en Apostasia.

20. Y Yo mire hasta que un trono estaba levantado en la tierra esplendida y agradable, y el Adowan ᎯᏃᎭᎬ AHAYAH de las ovejas se sento Alohay ᎯᏃᎭᎬ AHAYAH sobre alli, y el otro tomo los libros sellados y abrio esos libros adelante el Adowan ᎯᏃᎭᎬ AHAYAH de las ovejas. 21. Y el Adowan ᎯᏃᎭᎬ AHAYAH llamo a esos adamicos los primeros siete blancos, y mando que ellos deberian a traer adelante de El, en principio comenzando con el primero luminario que dirigio el camino de perdicion, a todos los luminarios quien miembros privados estaban como esos de caballo, y ellos traeron a todos ellos adelante del Adowan ᎯᏃᎭᎬ AHAYAH.

22. Y El le dijo a ese adam quien escribio adelante Alohay ᎯᏃᎭᎬ AHAYAH, siendo uno de esos siete blancos, y dijo a el: "Toma a esos setenta pastores a quien YO entrege las ovejas, y quien tomando a ellas en su propio autoridad mataron mas de que YO habia mandado a ellos."

23. Y mire en vista, ellos estaban todos atados, Y mire en vista, y ellos todos se paraban de pie adelante ᎯᏃᎭᎬ AHAYAH. 24. Y el juicio estaba puesto primero sobre los luminarios, y ellos

estaban juzgados y encontrados culpables, y se fueron a el lugar de condenacion, y ellos estaban arrojados adentro un abismo (Sheol), lleno de lumbre con llamas ardientes, y lleno de pilares de fuego.

25. Y esos setenta pastores estaban juzgados y encontrados culpable, y ellos estaban arrojados adentro ese abismo con lumbre ardiente.

26. Y Yo mire en ese tiempo como un similar abismo estaba abierto en el medio de ha aretz, lleno de lumbre, y ellos traean a esas ciegas ovejas, y ellas estaban todas juzgadas y encontrados culpables y arrojados adentro ese abismo con lumbre ardiente, y ellas quemaron; ahora ese abismo estaba a la derecha de esa casa. 27. Y Yo vi a esas ovejas quemando y suyos huesos quemando.

La Nueva Yahrushalom,
La Conversion de los Sobre Vivientes de los Gentiles
El Levantamiento de la Muerte de los Yasharim,
Ha Mashiach.

28. Y Yo me pare de pie a ver hasta que ellos doblaron para arriba esa casa antigua; y se llevaron cargados todos los pilares, y todas las vigas y ornamentos de la casa estaban al mismo tiempo doblado para arriba juntos con ella, y ellos levantaron cargando la y acostando la en un lugar en el sur de ha aretz.

29. Y Yo mire hasta que el Adowan ᕽᘔᕲᐊ AHAYAH de las ovejas traea un nueva casa mas grande y alta de que esa primera, y la puso levantada para arriba en el lugar de la primera que habia hacido doblada para arriba: todo suyos pilares de ella estaban nuevas, y suyos ornamentos estaban nuevos y mas grande de que esos de la primera, la antigua que El habia llevado lejos y todas las ovejas estaban adentro de ella.

30. Y Yo mire todas las ovejas que se habian quedado un resto, y todas las bestias en ha aretz, y todos los pajaros del shamayim

medio, caiendo para abajo dando homenaje a esas ovejas y hacienda les peticion y obedeciendo las a ellas en toda cosa.

31. Y despues de esto esos tres quien estaban vestidos en blanco y habian tomado a mi por mi mano quien me habia llevado para arriba antes, y la mano de ese carnero tambien me tomo agarrando me, ellos me llevaron para arriba y me pusieron para abajo entre medio de esas ovejas antes de que el juicio tomo lugar. 32. Y esas ovejas estaban todas blancas y suya lana estaba abundante y limpia. 33. Y todo que habia estado destruido y dispersado, y todas las bestias del campo, y todos los pajaros del medio shamayim, se juntaron en asamblea en esa casa, y el Adowan ᴀᴢᴀᵡ AHAYAH de las ovejas regocijo con grande alegria por que ellas todas estaban bien y habian regresado a Suya casa de Alohay ᴀᴢᴀᵡ AHAYAH. 34. Y Yo mire hasta que ellas habian acostado para abajo esa espada, que se habia entregado a las ovejas, y ellas la traean para atras adentro la casa, y estaban sellada adelante la presencia de el Adowan ᴀᴢᴀᵡ AHAYAH, y todas las ovejas estaban invitadas adentro esa casa, pero aun no los podia a detener a ellas. 35. Y los ojos de ellas todas estaban abiertos, y ellas miraron lo bueno, y no habia ninguna entre ellas que no podia a ver. 36. Y Yo mire que esa casa estaba grande y larga y bien llena. 37. Y Yo mire un blanco toro estaba nacido, con grande cuernos, y todas las bestias del campo y todos los pajaros de el aire lo temian a El y hacieron peticion a El a todo tiempo.

38. Y Yo mire hasta que todas suyas generaciones estaban transformadas, y ellos todos se volvieron blancos toros; y el primero de entre ellos se volvio un cordero, y ese cordero se volvio un grande animal y tenia grande cuernos negros sobre su cabeza; Y el Adowan ᴀᴢᴀᵡ AHAYAH de las ovejas se alegro sobre el y sobre todos los toros. 39. Y Yo me dormi entre ellos: y Yo me desperte y mire toda cosa.

40. Este es la hizzayan revelacion que Yo mire mientras Yo dormia, y Yo desperte y en barekah alabe el Adowan ᚱᛉᚱᛃ AHAYAH Melaki Yashar Tzadok y le di a ᚱᛉᚱᛃ AHAYAH Alohay alabanza en barekah.

41. Luego Yo llore en lagrimas con un largo lamento llorando, y mis lagrimas no se podian quedar hasta que Yo no podia aguantar conteniendo lo; cuando Yo mire, ellos corrian derramandose en cuenta de lo que Yo habia visto; por que toda cosa va venir y sera realizado; y todas las obras de los hijos de Adam en su orden estaban enseñados a mi.

42. En esa noche Yo me recorde el primer sueño, y por que de el Yo llore en lagrimas y estaba turbado – porque Yo habia visto esa hizzayan revelacion.'

La Parte de Conclusion del Libro.
Libro de Consejos de Hanok para Su Hijos.

91 "Y ahora mi hijo Mathushalah, llama a mi todos tuyos hermanos, y junta juntos a mi todos los hijos de tu madre, por que la Palabra me llama, y la ruah esta derramada sobre mi, para que Yo pueda enseñar te a ti toda cosa que va a pasar a ustedes para siempre."

2. Y de alli en ese momento Mathushalah se fue y llamo a el todo suyo hermanos y reunio su relativos de familia.

3. Y el hablo a todos los hijos de yashar y dijo: "Escucha tu hijos de Hanok, todas las palabras de tu padre, y pon atencion bien a la voz de mi boca; por que Yo los aconsejo urgente a ustedes y digo a ti, mis hijos amados: aman la yashar tzadok y camina alli adentro.

4. Y no te arrimes a yashar con un doble corazon, y no te vayas a asociar con esos de un doble corazon, pero en debes camina en Yashar, mis hijos y el te va a guiar a ti en caminos buenos y Yashar va a ser tu compañero.

5. Por que yo se que violencia tiene que aumentarse sobre ha aretz, Y un grande castigo va a ser sentenciado a ser cumplido sobre ha aretz, toda maldad va a venir a un fin: si, va a ser cortado de suyas raizes, y suya entera structura va a ser destruida.

6. Y maldad va a ser cumplido sobre ha aretz, y todas las obras de maldad y de violencia y transgresion de quebrantar la Tor'ah va a prevalecer aumentandose en doble cantidad.

7. Y cuando quebrantando la Tor'ah y maldad y blasfemia y violencia y toda clase de obras se aumentan multiplicandose, y apostasia y transgresion y profanas impurezas se aumentan, un gran castigo va a venir del Shamayim sobre todos estos, y Alohay Qadosh ᴲᵶᴲ𐤉 AHAYAH 𐤉W𐤉 ASHAR ᴲᵶᴲ𐤉 AHAYAH va venir adelante con furia y castigo a cumplir juicio sobre ha aretz.

8. En esos yomiym violencia va a ser cortado de su raizes, y las raizes de maldad juntos con la mentira, y ellos van a ser destruidos abajo del shamayim.

9. Y todos los falsos poderosos idolos de los paganos van a ser abandonados, y los templos quemados con lumbre, y ellos van a remover los a ellos de toda la entera tierra de aretz, y ellos paganos idolatras que sirven a falsos poderosos los enemigos de ᴀᕼᴀYᴀᕼ AHAYAH Alohay van a ser arrojados adentro el juicio de fuego ardiente, y van a perecer en furia y afligidos en juicio para siempre.

10. Y los yasharim van a levantarse a despertarse de dormir, y sabiduria va levantarse y ser dado a ellos.

11. Y despues de eso las raizes de maldad van a ser cortados para afuera y los que transgresan la Tor'ah los enemigos de Alohay van a ser destruidos por la espada... van a ser cortados para afuera hasta los blasfemadores en todo lugar, y esos que devisan proyectos de violencia y esos que cometen blasfemia con palabras injuriosas van a perecer por la espada.

18. Y ahora, Yo les digo a ustedes, mis hijos, y te enseño a ti los caminos de yashar, y los caminos de violencia. Si Yo voy a enseñar los a ti otra vez, para que puedan conocer a saber lo que va venir a pasar.

19. y ahora, escucha pongan atencion ante mi, mis hijos, y camina en los caminos de yashar, y no camines en los caminos de violencia; por que todos quien caminan en los caminos de la maldad van a perecer para siempre.

Libro de Consejos de Hanok a Suyos Hijos

92 El libro escrito por Hanok - Hanok en verdad escribio esta completa doctrina de sabiduria, que esta en gracia de todos los hijos de Adam y un juez de toda ha aretz para todos mis hijos que van a habitar sobre ha aretz; y para los futuros generaciones que van a observar yashar y shalom.

2. No dejes tu alma que sea turbada en cuenta de los tiempos; Por que Alohay Qadosh y Shadd ᚦᘔᚨᚳ AHAYAH a apuntado yomiym por todas cosas.

3. Y el yashar va levantarse de dormir, se levantara y caminara en los caminos de yashar, y todo su camino y conversacion va a ser en eterna bondad y gracia.

4. ᚦᘔᚨᚳ AHAYAH Alohay va a ser lleno de kesed a los yasharim y dar le eterna rectitud, y Alohay va a dar le a el poder para que el pueda ser dotado con bondad y yashar, y el va caminar en luz eterna.

5. Y la maldad de transgresar la Tor'ah va a perecer en oscuridad para siempre, y no va mas a ser visto desde ese yom en adelante para siempre mas.

La Hizzayan Revelacion de Semanas.

93 Y despues de eso Hanok hizo ambos entrego y comenzo a recontar de los libros.

2. Y Hanok dijo; "En pertenencia de sobre los hijos de yashar y en pertenencia de sobre los elegidos de ha aretz, y en pertenencia de sobre la planta de yashar, Yo voy a hablar estas cosas si, Yo Hanok, voy a declarar los adelante de ti, mis hijos: En acuerdo a eso que se me aparecio a mi en la hizzayan revelacion de el Shamayim, y que Yo a llegado a conocer a saber por entre la palabra de los qadosh malakim, y habia aprendido de las tablas del Shamayim."

3. Y Hanok comenzo a recontar a leer de los libros y dijo: "Yo estaba nacido el septimo en la primera semana, mientras juicio y yashar todavia permanecia.

4. Y despues de mi va a levantarse en la segunda semana gran maldad, y la mentira va a brotar para arriba; y en ella va a ser el primer fin. Y en ella un adam va a ser salvado; y despues que esta terminado la maldad va a crecer para arriba, y una Ley va a ser hecho por los desobedientes transgresores de la Tor'ah.

5. Y despues de eso en la tercera semana a su termino un adam va a ser elegido como la planta de juicio yashar. Y suya posteridad de descendencia va a volverse la planta de yashar para siempre.

6. Y despues de esto en la quarta semana, a su termino hizzayan visiones de los qadoshim y yasharim van a ser vistos, y una Ley "La Tor'ah" por todos las generaciones y un lugar encercado va a ser hechos por ellos.

7. Y despues de eso en la quinta semana, a su termino, la casa de la shakanah y soberania del reino va a ser construida para siempre.

8. Y despues de eso en la sexta semana todos quien viven en ella van a ser ciegos, y las almas de todos van a ser enemistad contra ᚱᚢᚨᛉ AHAYAH Alohay abandonando sabiduria. Y en ella un hijo de Adam va a ascender; y en su termino la casa real del reino va a ser quemada con lumbre, y la raza de la raiz elegida va a ser dispersados.

9. Y despues de eso en la septima semana va una generacion de apostasia acceptar falsas doctrinas contra Alohay ᚱᚢᚨᛉ AHAYAH se levantara para arriba, y muchas van a ser su obras, y todo suyas obras van a ser en apostasia.
(2 Tesalonicenses 2/ 2 Kepha/Pedro 2/ Mattithyah 24:24)

10. Y a su termino va a ser elegido los elegidos yasharim de la eterna planta de yashar, para recibir siete veces mas instruccion sobre todo SuYa creacion de Alohay ᚱᚢᚨᛉ AHAYAH.

11. Por quien hay de todos los hijos de Adam que puede escuchar la voz de Alohay Qadosh Unico ᚱᚢᚨᛉ AHAYAH con que no sea turbado? y quien puede pensar los pensamientos de Alohay? Y quien hay que pueda a ver en vista todas las obras del shamayim?

12. Y como puede a ver uno que pueda a ver el shamayim, y quien hay que pueda entender las cosas del shamayim y a ver

una alma o una ruah y pueda decir de eso, o ascender y ver todo suyos fines y pensar a ellos o a ser como ellos?

13. Y quien hay de todos los hijos de Adam que pueda saber que es la anchura y lo largo de ha aretz, y a quien a estado enseñado las medidas de todas de ellos?

14. O hay alguno que pueda discernir lo largo del shamayim y como de grande es su altura, y sobre que esta fundada, y como de grande es el numero de los luminarios, y donde todos los luminarios descansan? *(Yohanan 3:7-13 /Proverbios 30:4*

93. 12-17   *Las Ultimas Tres Semanas.*

12. Y despues de eso va haber otra, la semana octava, ese de yashar, y una espada va a ser entregado a ella para que un yashar juicio pueda a ser cumplido sobre los opresores, y los que faltan y quebran la Tor'ah van a ser entregados adentro de las manos de los yasharim.

13. Y a su termino ellos van a adquirir casas por entre suyo yashar, y una casa va a ser construida por el Gran Rey en resplandor de majestad para siempre.

14. Y todos los hijos de Adam van a buscar a mirar a el camino de yashar. Y despues de eso, en la novena semana, el yashar juicio va a ser revelado a todo el mundo, y todas las obras de los enemigos de ᴀ💧ᴀ𝟜 AHAYAH que niegan Alohay van a desaparecer de toda ha aretz, y el mundo aretz va a ser escrito para abajo por destruccion.

15. Y despues de esto, en la decima semana en la parte séptima va haber un grande juicio eterno, en que Alohay ᴀ💧ᴀ𝟜 AHAYAH va ejecutar venganza entre los malakim.

16. Y el primer shamayim va a irse y se pasara, y un nuevo shamayim va aparecer, y todos los poderes de los shamayim van a dar siete veces mas esplendor de luz.

17. Y despues de esto van haber muchas semanas que no tienen numero para siempre, y todo va a ser en kesed y yashar, y la

maldad de transgresar la Tor'ah no va mas a ser mencionado para siempre.

Consejos a los Yasharim.

94 Y ahora Yo digo a ustedes, mis hijos, aman la yashar y camina alli adentro; Por que los caminos de yashar tzadok estan dignos de aceptarse, pero los caminos de maldad van a ser de repente destruidos y a desaparecer.

2. Y a ciertos hijos de Adam de una generacion que va los caminos de violencia y de muerte a ser revelados, y ellos se van a detener para atras lejos de ellos, y no van a seguir los a ellos.

3. Y ahora Yo digo ante ustedes los yasharim: no camines en el camino de la maldad, ni en los caminos de muerte, y no te arrimes cercas a ellos, por temor que tu podras a ser destruido.

4. Pero en debes busca y escoge por ustedes mismos yashar y una vida elegida y camina en los caminos de shalom, Y usted va a vivir y prosperar.

5. Y mantiene firme mis palabras en los pensamientos de tus almas, Y sufrir por ellos a no ser borrados de tu alma; por que conoce que malhechores van a tentar hijos de Adam preguntando urgiente que traten con maldad a la sabiduria para que ningun lugar pueda a ser encontrado para ella, y ninguna manera de tentacion pueda a disminuir.

Ays para los Malhechores.

6. Ay a esos que construyen maldad y opresion, y ponen la mentira como bases de fundacion; Por que ellos van a ser de repente derribados, y para ellos no hay shalom.

7. Ay a esos que construyen suyas casas con maldad; Por que de todas suyas bases de fundamentos van ellos a ser derribados, Y por la espada van ellos a caier. Y esos que adquiren oro y plata en juzgamiento de repente van a perecer.

8. Ay a ti, ustedes ricos, por que tu has confiado en tus riquezas,

Y de tus riquezas vas tu apartarte de, por que tu no has recordado Alohay ᕲᒱᕲᔗ AHAYAH en los yomiym de tus riquezas.

9. Tu has cometido blasfemia y la maldad, y has volvido te listo por la yom de matanza, y el yom de tinieblas y el yom de el grande juzgamiento.

10. Asi por eso Yo hablo y declaro a ustedes: El que habia creado a ustedes va derribar a ustedes, y por tu caida no va haber piedad, y tu Creador va a regocijar en tu destruccion.

11. Y tus yasharim en esos yomiym van a ser un reproche a los malvados trangresores de la Tor'ah y los impuros enemigos de Alohay. (Habaquq 2:3-20)

Pena de Tristeza de Hanok:
Nuevos Ays contra los Malvados.

95 O que mis ojos fueran nuve de aguas para que Yo pueda lamentar con lagrimas sobre ti, y derramar mis lagrimas como nuve de aguas: para que Yo pueda descansar de mi turbada alma:

2. Quien te a permitido a ti practicar reproches y maldad? Y entonces asi juicio va avanzar sobre ti, transgresores que quebrantan la Tor'ah malvado malhechores.

3. No teman los malhechores transgresores de la Tor'ah, ustedes yasharim; por que otra vez va Alohay ᕲᒱᕲᔗ AHAYAH a entregar los a ellos adentro tus manos, para que ustedes puedan ejecutar juicio sobre ellos acuerdo a lo que tu quieres.

4. Ay de ti que dictan anathemas que no pueden a ser reversados: sanidad va entonces a ser lejos de ti por que de tus maldades.

5. Ay de ti quien repaga tu besino con maldad; por que tu vas a ser repagado acuerdo a tus obras.

6. Ay de ti, testigos mentirosos, y a esos quien pesan en medida la maldad, por que de repente vas tu a perecer.

7. Ay de ti, malhechores transgresores de la Tor'ah, por que tu persiges a los yasharim; por que tu vas a ser entregado y persigidos por que de las maldades, y pesado va a ser su yugo sobre ti.

Motivo de Esperanza por los Yasharim: Ays para los Malhechores.

96 Sea lleno de esperanza, ustedes yasharim: por que de repente van los malhechores perecer ante ti, y tu vas a tener dominio sobre ellos acuerdo a tu desear.

2. Y en los yomiym de la tribulacion de los malhechores, tus hijos van a montar y levantarse como aguilas, (Hizzayan/Rev. 12:14 Yashayah/Isa. 40:9-31 Matt 24:15-16) y mas alto de que los buitres van a ser tus nidos, y tu vas a ascender y entrar a las huecas grietas de ha aretz, y los huecos de la piedra para siempre como conejos de las montañas ante los malhechores, y las sirenas van a llorar por que de ti y lamentar.

3. Por lo cual no teman, ustedes que han sufrido; Por que sanidad va a ser tu parte, y una brillosa luz va a brillar iluminando te a ti, y la voz de descanso usted va oir del Shamayim.

4. Ay de ustedes, tu malhechores transgresores de la Tor'ah, por que tus riquezas hacen a ti aparecer como los yasharim, Pero tus almas te condenan a ti de que son malhechores, y esta verdad va a ser un testimonio contra ti por un memorial de recuerdo de tus malvadas obras.

5. Ay de ustedes que devoran los mas finos trigos, y beben vino en grandes vacijas, y pisotean abajo suyos pies los humildes con tus fuerzas.

6. Ay de ustedes que beben agua de cada fuente, por que de repente va usted hacer consumido y marchitarse, por que tu has abandonado la fuente de vida.

7. Ay de ustedes que obran maldad, y mentira y blasfemia con

palabras injuriosas contra Alohay: eso va a ser un recuerdo contra ti por la maldad. (Danyal 7:25 Hizzayan/Rev. 13:1 /17:3)

8. *Ay de ustedes, ustedes poderosos que con poder oprimen los yasharim que viven en rectitud; por que el yom de tu destruccion esta viniendo. En esos yomiym muchos y buenos yomiym van a venir a los yasharim en el yom de tu juicio.*

Las Maldades en Reserva por los Malhechores y Los que Posean las Riquezas de Maldad.

97 *Crean, ustedes yasharim, que los malhechores transgresores de la Tor'ah van a volverse una verguenza, y a perecer en el yom de maldad.*

2. *Que sea conocido a ti transgresores que Alohay* ᕠᒣᕠꜰ *AHAYAH esta pensando de tu destruccion, y los malakim del shamayim se alegran sobre tu destruccion.*

3. *Que van ustedes a ser, ustedes transgresores, y a donde van ustedes huir en ese yom de juicio, cuando ustedes escuchan la voz de la suplica de los yasharim?*

4. *Si, usted va pagar tributo como ante ellos, contra quien esta palabra va hacer un testimonio: "Ustedes habian sido compañeros de transgresores".*

5. *Y en esos yomiym la suplica de los yasharim va alcanzar a llegar a Alohay* ᕠᒣᕠꜰ *AHAYAH. Y para ti los yomiym de tu juicio van a venir.*

6. *Y todas las palabras de tu maldad van hacer leido en alta voz adelante el Gran Qadosh Unico* ᕠᒣᕠꜰ *AHAYAH Alohay; y tus caras van hacer cubridas llenas de verguenza, y* ᕠᒣᕠꜰ *AHAYAH va rechazar cada obra que esta fundada sobre maldad.*

7. *Ay de ustedes, tu transgresores de la Tor'ah, que viven en el medio del mar y en la tierra seca, quien su recuerdo es maldad contra ti.*

8. *Ay de ustedes quien adquiren plata y oro en maldad, y dicen:*

"Nos hemos volvido ricos con riquezas y tenemos posesiones, y tenemos adquirido toda cosa que hamos deseado.
9. Y ahora vamos nosotros hacer lo que nosotros proponemos: por que nos hemos juntado plata, y muchos son los servientes en nuestras casas, y nuestros graneros estan llenos hasta el borde como con agua."
10. Si, y como agua tus mentiras van a irse corriendo lejos: por que tus riquezas no van a permanecer, pero va rapido a irse de tí; por que tu has adquirido a ello todo en maldad, y ustedes van a ser entregados a una grande maldicion.
(Habaquq 2:3-20 Hizzayan/Rev 17-18)

Indulgencia de si mismos de los Malhechores Transgresores: Trangresion de la Tor'ah origenado por Adam: Toda la Maldad Grabado en el Shamayim: Ays para los Malhechores.

98 Y ahora Yo juro a ustedes, a el sabio y a el estupido, por que tu vas a tener numerosas experiencias en ha aretz.
2. Por que ustedes hombres van a ponerse mas adornos que una mujer, y ropas de colores mas que una virgin: En realeza y en grandeza y en poder, y en plata y en oro y en morado, y en esplendor y en comida ellos van a ser derramados para afuera como agua.
3. Por eso entonces ellos van a faltar en doctrina y sabiduria, y ellos van a perecer asi juntos con suyas posesiones; y con toda su riquezas y suyo esplendor y en verguenza y en matanza y un gran desolacion, suyos ruahoth van a ser hechados adentro el horno de fuego ardiente.
4. Yo a jurado a ustedes, tu malhechores que transgresan la Tor'ah, como una montaña no se a volvido un esclavo serviente, y una ley no se vuelve el serviente de una mujer, incluso ahora asi maldad no habia sido enviado sobre ha aretz, pero Adam de el mismo lo a creado eso, y abajo una grande maldicion van ellos a caer quien comete eso.

5. Y hacer esteril no a sido dado a la mujer, pero en cuenta de las obras de suyas propias manos de ella ella se muere con ningun hijos.

6. Yo habia jurado a ustedes, tu transgresores, por Alohay Qadosh Unico, que todas tus malas obras estan revelados en el Shamayim, y que ninguna de tus obras de opresion estan cubridas y ocultados.

7. Y no pienses en tu alma, ni digas en tu mente, que tu no sabes y que tu no puedes ver que cada maldad esta cada yom grabado en el Shamayim en la presencia de Alohay Shadd ᎦᏃᎦᏍ AHAYAH.

8. De aqui en adelante ustedes saben que toda tu opresion donde con que ustedes oprimen estan grabados escritos cada yom hasta el yom de tu juicio.

9. Ay pobres de ustedes, ustedes estupidos, por que entre tu locura vas tu a perecer; y ustedes transgresan contra el sabio y entonces lo bien afortunado no va a ser tu parte. 10. Y ahora, ustedes saben que ustedes estan preparados por el yom de destruccion: por lo cual no tengan esperanza a vivir, ustedes malhechores que faltan la Tor'ah, pero ustedes van a irse y morir; por que ustedes saben ningun rescate por que ustedes estan preparados por el yom de el gran juicio, por el yom de tribulacion y grande verguenza por tus ruahoth.

11. Ay de ustedes, tu duros de corazon, que obran maldad y comen sangre: de donde lugar han ustedes tenido buenas cosas a comer y a beber y hacer llenados? De todas las buenas cosas que ᎦᏃᎦᏍ AHAYAH Alohay a puesto en abundancia sobre ha aretz; por eso para ustedes no hay shalom. *(Barashiyt/Gen 9:4 Jubileos 6:38 Hechos 15:20)*

12. Ay de ustedes que aman las obras de maldad: por que estas tu esperando por buena suerte ante ustedes mismos? Sepan que ustedes van a ser entregados en las manos de los yasharim, y

ellos van a degollar te y matar a ustedes, y no tener piedad sobre ustedes. (Wayikra/Levitico 17:10-14 Hizzayan/Rev. 19)

13. Ay de ustedes que se alegran en la tribulacion de los yasharim por que ninguna sepultura va a ser escarbado para ti.

14. Ay pobres de ustedes que ponen a nada las palabras de los yasharim; por que ustedes no van a tener esperanza de vida.

15. Ay de ustedes que escriben para abajo mentirosas y impuras palabras contra Alohay; por que ellos escriben para abajo suyas mentiras para que los hijos de Adam puedan escuchar los a ellos y portarse impiamente en contra de Alohay hacia a su besino. (Yermiyah 8:8)

16. Por eso por ellos no hay shalom, pero mueren una muerte de repente.

Ays Pronunciado sobre los enemigos de Alohay, los que quebrantan la Tor'ah: Grave maldad de los Transgresores en los Ultimos Yomiym: mas Ays.

99 Ay de ustedes quien obra contra Alohay en iniquidad, y se orgullesen en mentirando, y los exaltan a ellos: ustedes van a perecer, y la vida llena de felizidad no va a ser la tuya. 2. Ay de ellos que pervierten las palabras de yashar, y transgresan la eterna Ley de la Tor'ah, y se transforman ellos mismos a lo que ellos no eran a transgresores malhechores ellos van a ser pisoteados abajo los pies sobre ha aretz.

3. En esos yomiym prepararse, ustedes yasharim, a levantar tus suplicas como un memorial, y ponen los en lugar a ellos como un testimonio adelante los malakim, para que ellos puedan poner la maldad de quebrantar le Ley de los transgresores por un memorial adelante Alohay Shadd ᏕᎳᏔᏇ AHAYAH. (Hizzayan/ Revelación 8:1-5)

4. En esos yomiym las naciones van a ser conmocion, y las familias de los gentiles van a levantarse en el yom de destruccion.

5. Y en esos yomiym los indigentes que están en lo mas absoluta miseria van a ir adelante y llevarse suyos hijos, y ellos van a abandonar los a ellos, para que suyos hijos vayan a perecer por entre ellos: Si, ellos van a abandonar suyos hijos que todavia estan amamantando, y no regresan a ellos, y no van a tener piedad sobre suyos amados.

6. Y otra vez Yo juro a ustedes, ustedes malhechores que transgresan la Tor'ah, que maldad esta preparado por un yom de derramar sangre que no va a terminar.

7. Y ellos que adoran piedras, y imagenes talladas de oro y plata y madera y piedra y barro, y esos que adoran impuros ruahoth y a falsos poderosos de las fuerzas de oscuridad, y toda clase de idolos que no estan acuerdo con sabiduria, no van a recibir ninguna manera de ayuda de ellos. (Hizzayan/Rev. 9:20-21)

8. Y ellos van a volverse infieles impiamente enemigos de Alohay sirviendo a falsos poderosos por razon de la locura de suyos corazones, y suyos ojos van a ser ciegos por entre el temor de suyos corazones, Y por entre visiones en suyos sueños.

9. Por entre eso ellos van a volverse impios en contra de Alohay y temerosos; por que ellos van a trabajar todo suyas obras en una mentira, y van a adorar una piedra: por eso en un instante van ellos a perecer. (Habaquq 2:19)

10. Pero en esos yomiym baruk son todos ellos que aceptan las palabras de sabiduria, y que las a entendido a ellas, y observa los caminos de Alohay Shadd ᱳᱦᱴᱽ AHAYAH, y camina en el camino de Yashar de ᱳᱦᱴᱽ AHAYAH Alohay, y no se vuelven infieles enemigos de Alohay sirviendo falsos poderosos con los impuros enemigos de Alohay; por que ellos van a ser salvados.

11. Ay de ustedes que hacen desparramar maldad a tus besinos; por que ustedes van a ser matados en Sheol.

12. Ay de ustedes que hacen mentirosas y falsas medidas, y a ellos que causan amargura sobre ha aretz; por que ellos por eso van a ser totalmente consumidos.

13. Ay de ustedes que han construido tus casas por entre duros trabajos que afligen con penas de otros, y todos suyos materiales de construir son los ladrillos y piedras de maldad; Yo te digo a ti para ti no hay shalom. *(Habaquq 2:12)*

14. Ay de ustedes que rechazan la medida y la herencia eterna de suyos padres, y quienes almas siguen atras de talladas imagenes de idolos; por que no van a tener descanso.

15. Ay de ustedes que obran maldad y ayudan oprimir, y matan suyos besinos hasta el yom de el gran juicio.

16. Por que 𐤀𐤄𐤉𐤄 AHAYAH va arrojar para abajo tu riquezas de esplendor, y traer afliccion sobre tus almas, y va levantarse Suyo feroz enojo en furia, y destruir a ustedes todos con la espada; y todos los qadoshim y yasharim van a recordarse de tus maldades de transgresar la Tor'ah.

Los Transgresores de la Tor'ah se destruyen uno al otro: Juicio de los Nephilim: la Seguridad de los Yasharim: Mas Ays para los Transgresores de la Tor'ah.

100 Y en esos yomiym en un lugar los padres juntos con suyos hijos van a ser golpeados duros, y hermanos unos con los otros van a caer en muerte, hasta que arroyos corren con suya sangre.

2. Por que un adam no va detener para atras su mano de matar, su hijos y los hijos de su hijos, y el malhechor que transgresa la Tor'ah no va detener para atras su mano de su hermano honrado; desde madrugada hasta atardecer ellos van a ser una matanza al uno al otro.

3. Y el caballo va caminar hasta los frenos en la sangre de los malhechores, y los carros van a submergirse hasta su altura. *(Hizzayan/Revelacion 14:17-20)*

4. En esos yomiym los malakim van a descender adentro en los lugares secretos, y a juntar juntos a un lugar a todos quien traeron para abajo la maldad de transgresar la Tor'ah, y

Alohay Shadd 𐤀𐤄𐤉𐤄 AHAYAH va levantarse en ese yom de juicio, a ejecutar gran juicio entre los malhechores que transgresan la Tor'ah.

5. Y sobre todos los yasharim y qadoshim Alohay 𐤀𐤄𐤉𐤄 AHAYAH va apuntar guardias de entre los qadosh malakim, para guardar los a ellos como la niña de un ojo, hasta que 𐤀𐤄𐤉𐤄 AHAYAH hace un fin de toda maldad y toda transgresion de la Tor'ah, y aunque los yasharim duermen un largo sueño, ellos no tienen que temer.

6. Y luego los hijos de ha aretz van a ver los sabios en seguridad, y van a entender todas las palabras de este libro, y reconocer que suyas riquezas no van a poder salvar los a ellos en el derrocando de suyas maldades.

7. Ay de ustedes, transgresores de la Tor'ah, en el yom de angustia intensa, ustedes que afligen los yasharim y los queman a ellos con lumbre: ustedes van a ser repagados acuerdo a tus obras.

8. Ay de ustedes, tu duros de corazon, que miran vigilando en orden a concebir planes de maldad: por eso va venir temor sobre ti, y no va haber nadien que te ayude a ti.

9. Ay de ustedes, tu transgresores de la Tor'ah, en cuenta de las palabras de tu boca, y en cuenta de las obras de tus manos que impiamente en enemistad contra Alohay han hecho, en ardiendo llamas quemando mas peor que lumbre van ustedes a quemar.

10. Y ahora, sepan ustedes que de los malakim 𐤀𐤄𐤉𐤄 AHAYAH Alohay va pedir cuentas de tus obras en el Shamayim, del sol y de la luna y de los luminarios en referencia de tus maldades por que sobre ha aretz tu ejecutas juicio sobre los yasharim.

11. Y Alohay 𐤀𐤄𐤉𐤄 AHAYAH va a llamar a testificar contra ustedes cada nuve y neblina y rocio y lluvia; por que ellos van a ser todos retenidos para atras por que de ustedes de descender

sobre ustedes, y ellos van a ser conscientes recordandose de tus maldades.

12. Y ahora da le regalos a la lluvia para que ella no pueda ser retenida para atras de descender sobre ustedes, ni aun el rocio, cuando a el recibido oro y plata de ti para que el pueda descender.

13. Cuando el helado hielo y nieve con su frio, y todas las tormentas de nieve con todas suyas plagas caen sobre ustedes, en esos yomiym tu no vas a poder parar te de pie adelante de ellos.

Exhortacion a el Temor de Alohay:
Toda la Naturaleza lo teme a ᴲZᴲᵡ AHAYAH, Pero no los transgresores de la Tor'ah.

101 Observa el shamayim, ustedes hijos del shamayim, y cada obra de Alohay Shadd ᴲZᴲᵡ AHAYAH, y ustedes teman a ᴲZᴲᵡ AHAYAH Alohay y no obren mal en presencia de Alohay ᴲZᴲᵡ AHAYAH.

2. Si Alohay ᴲZᴲᵡ AHAYAH cierra las ventanas del shamayim, y retiene la lluvia y el rocio de descendiendo sobre ha aretz en cuenta de ti, que van hacer ustedes entonces?

3. Y se Alohay ᴲZᴲᵡ AHAYAH manda Suyo immenso enojo sobre ustedes por que de tus obras, ustedes no pueden a suplicar a Alohay ᴲZᴲᵡ AHAYAH; por que ustedes hablaron orgullosas y insolentes palabras contra el Yashar de ᴲZᴲᵡ AHAYAH Alohay: por eso para ustedes no hay shalom.

4. Y ustedes no miran los marineros de las naves, como suyos naves estan sacudidas para adelante y para atras por las aguas, y estan agitados por los vientos, y estan en graves problemas? 5. Y por eso entonces ellos tienen miedo por que todas suyas buenas posesiones van sobre la mar con ellos, y ellos tienen malos

presentimientos de alma que la mar va a tragarselos y ellos van a perecer alli adentro.

6. No son el entero mar y todas suyas aguas, y todo suyos movimientos, la obra de Alohay Shadd ᴴᴸᴬᴵ AHAYAH, y no a ᴴᴸᴬᴵ AHAYAH Alohay puesto limites a SuYo hechos, y lo encerro entre todo por la arena? 7. Y al reproche de Alohay ᴴᴸᴬᴵ AHAYAH esta en temor y se seca, y todo suyos pescados mueren y todo que esta en el; pero ustedes transgresores de la Tor'ah que estan sobre ha aretz no temen a Alohay ᴴᴸᴬᴵ AHAYAH.

8. No a Alohay ᴴᴸᴬᴵ AHAYAH hecho el shamayim y ha aretz, y todo lo que esta alli adentro? Quien a dado entendimiento y sabiduria a toda cosa que se mueve sobre ha aretz y en la mar? 9. Que no los marineros de las naves temen la mar? Aun todavia transgresores de la Tor'ah no temen Alohay Shadd ᴴᴸᴬᴵ AHAYAH.

Terrores de el Yom de Juicio: Las Adversas Fortunas de Buenaventuras de los Yasharim sobre ha Aretz.

102 En esos yomiym cuando Alohay ᴴᴸᴬᴵ AHAYAH habia traeido una grave lumbre sobre ustedes, a donde van ustedes huir, y a donde van ustedes encontrar a ser liberados? Y cuando Alohay ᴴᴸᴬᴵ AHAYAH lanza adelante Su palabra contra ustedes, no van a ser ustedes afligidos con miedo y temor?

2. Y todos los luminarios van a ser afligidos de miedo con gran temor, y toda ha aretz va tener miedo y temblar y se vuelve alarmado.

3. Y todo los malakim van a ejecutar suyos mandatos y van a buscar a esconderse asi mismos de la presencia de la Gran Shakanah, y los hijos de ha aretz van a temblar y estremecerse;

y ustedes transgresores de la Tor'ah van a ser que estan en maldicion para siempre, y para ustedes no hay shalom.
4. Ustedes no temen, ustedes almas de los yasharim, y hacerse lleno de esperanza ustedes que han muerto a descansar con suyos antepasados en yashar.
5. Y no te afliges en pena se tu alma adentro de Sheol a descendido en pena, y que en tu vida tu cuerpo no tenia exito acuerdo a tu bondad, pero espera por el yom del juicio de los transgresores de la Tor'ah, y por el yom de maldicion y castigo.
6. Y aun todavia cuando ustedes pasan a descansar con suyos antepasados los transgresores de la Tor'ah hablan sobre ti: "Como nosotros morimos tambien asi los tzadokim mueren, y que beneficio ellos han de cosechar por suyas obras?
7. Miran, hasta igual como nosotros, aun todavia ellos se mueren en pena y oscuridad, y que tienen ellos mas de que nosotros? De aqui en adelante nosotros somos iguales.
8. Y que van ellos a recibir y que van ellos a ver para siempre? Miren, ellos tambien han muerto, y de aqui en adelante hasta para siempre ellos no van a ver luz." (2 Kepha/Pedro 3:1-10)
9. Yo les digo a ustedes, tu transgresores de la Tor'ah, ustedes estan contentos a comer y beber, y robar y hacer maldad, y le quitan la ropa de los hombres dejandolos desnudos, y adquieren riquezas y a ver buenos yomiym. 10. Han ustedes visto los yasharim como su fin pasara, que ninguna manera de violencia esta encontrado en ellos hasta su muerte?
11. "De todas maneras ellos perecen y se vuelven como se ellos no habian existido, y suyas almas descendieron adentro Sheol en tribulacion."

Diferente Destinos de los Yasharim y los Transgresores de la Tor'ah: Nuevos Reproches de los Transgresores.

103 Ahora, por eso, Yo juro a ustedes, los yasharim, por la shakanah del Grande y Honrado y Poderoso Alohay Shadd

𐤀𐤄𐤉𐤄 AHAYAH que reina, y por SuYa grandeza de 𐤀𐤄𐤉𐤄 AHAYAH Yo juro a ustedes.

2. Yo a conocido un misterio y ha leido las tabletas del Shamayim, y a visto los libros qadosh, y a encontrado escrito alli adentro y grabados sobre ellos.

3. Que toda bondad y alegria y resplandor de luz estan preparados por ellos y escribidos grabados por las almas de esos que han muerto en yashar, y que mucho bueno va hacer dado a ustedes en recompensa por tus obras, y que tu parte es abundantemente mas para alla de la parte de la vida.

4. Y las ruahoth de ustedes que han muerto en yashar van a vivir y regocijar, y suya ruahoth no van a perecer, ni su memorial de adelante el rostro de Alohay Unico 𐤀𐤄𐤉𐤄 AHAYAH hasta todas las generaciones del mundo aretz: por lo cual no los temen suyo desprecio de persecucion. (Mattithyah 5:10-12)

5. Ay de ustedes, ustedes malhechores transgresores de la Tor'ah, cuando tu has muerto, se ustedes se mueren en suyas riquezas de tus maldades; y esos que son como ustedes dicen sobre ustedes: "Bendecidos son los transgresores; ellos han visto todo suyos yomiym.

6. Y ahora ellos han muerto en prosperidad y en suyas riquezas, y no han visto tribulacion o matanza en suya vida; y ellos han muerto en honra, y juicio no se habia ejecutado sobre ellos entre su vida."

7. Sepan ustedes, que suyas almas van a ser hechos a descender adentro Sheol, y ellos van a ser malditos condenados en su gran tribulacion.

8. Y adentro tinieblas y cadenas y ardiendo llamas donde esta el juicio afligidos de pena van tus ruahoth entrar; y el gran juicio va a ser por todas las generaciones del mundo aretz ay de ustedes, por que para ustedes no hay shalom.

9. No digas en respeto a los yasharim y buenos que estan en vida "En nuestros yomiym de problemas nosotros hemos

trabajado duro y experienciado cada desgracia, y encontrado con mucha maldad y hemos estado consumidos, y habiamos volvidos pocos y nuestro ruah pequeño.

10. Y nosotros hemos estado destruidos y no habiamos encontrado alguno a ayudar nos hasta con una palabra: Nosotros habiamos estado torturados y destruidos, y esperabamos a no ver vida de yom a yom.

11. Nosotros esperabamos hacer la cabeza y hemos volvido hacer la cola. (Debarim/Dt. 28:44-62-68) Nosotros habiamos trabajado duro y no tuvimos satisfaccion en nuestro trabajo duro; y nosotros nos habiamos volvido la comida de los transgresores y los malvados malhechores y ellos han hechado su yugo pesado sobre nosotros.

12. Ellos han tenido dominio sobre nosotros los que nos odiaban y pegaron con golpes derribando nos; y a esos que nos odiaban a nosotros hemos agachado nuestros pescuesos pero aun todavia ellos no tenian piedad de nosotros. 13. Nosotros deseabamos a irnos lejos de ellos para que nosotros pudieramos escapar y a descansar, pero no encontramos lugar a donde nosotros deberiamos huir y a tener seguridad de ellos. (4 Esdras 13 40-46)

14. Y nosotros hacimos queja a los soberanos en nuestra tribulacion, Y lloramos en voz alta contra esos que nos devoraban; pero ellos no hacian caso a atender nuestras quejidas, y no escuchaban a nuestra voz.

15. Y ellos ayudaron a esos que nos robaban a nosotros y nos devoraban y esos quien nos hacian pocos; y ellos ocultaban suya opresion, y ellos no removieron de nosotros el yugo de esos que nos devoraban y nos dispersaban y nos mataban, y ellos ocultaban suyos asesinatos, y no recordaban que ellos habian levantado arriba suyas manos contra nosotros."

Aseguranza dado a los Yasharim: Advertencia a los Transgresores de la Tor'ah y los Falsos Testigos de la Palabras de Yashar (Rectitud).

104 Yo juro a ustedes, que en el Shamayim los malakim se recuerdan a ustedes por el bien adelante la Shakanah del Gran Alohay Unico ᴧ⊥ᴧ𝟜 AHAYAH: y tus nombres estan escritos adelante la Shakanah de Alohay Unico ᴧ⊥ᴧ𝟜 AHAYAH.

2. Tenga esperanza por que por un tiempo ustedes estaban puestos en verguenza por entre lo malo y afliccion; pero ahora ustedes van a brillar como las luzes del shamayim, ustedes van a brillar y ustedes van a ser vistos, y los portales del shamayim van a ser abiertos a ustedes.

3. Y en tus quejidas, llora en queja por juicio, y eso va aparecer a ustedes; por que de toda tu tribulacion va a ser visitados sobre los soberanos, y sobre todos quien ayudaron a esos que te saquearon a ustedes. (Mattithyah 5:6)

4. Tenga esperanza, y no heches lejos tu esperanza; por que ustedes van a tener gran alegria como los malakim del Shamayim.

5. Que van ustedes a ser obligados a hacer? Ustedes no van a tener que esconderse en el yom del gran juicio y ustedes no van a ser encontrados como transgresores que quebrantan la Tor'ah, y el juicio eterno va a ser lejos de ustedes por todas las generaciones del mundo aretz.

6. Y ahora no teman, ustedes yasharim, cuando ustedes miran los transgresores creciendo mas fuertes y prosperando en suyos caminos: no sean compañeros con ellos, pero guardate lejos de suya violencia; por que ustedes van a ser compañeros de los ejercitos del Shamayim. (Debarim/ Deuterenomio 30:1-20 Xᴧ AT)

7. Y, aun que ustedes maldito transgresores dicen: "Todo nuestro maldad no va a ser escudrinado a descubrirse y escrito grabado," aun de todas formas ellos van a escribir grabado tus maldades cada yom.

8. Y ahora Yo les enseño a ustedes esa luz y tinieblas, yom y noche, Miren todos tus maldades que transgresan la Tor'ah.

9. No nieguen la Verdad volviéndose impiamente enemigos de Alohay sirviendo falsos poderosos en tus corazones, y no mentiren y no cambien las palabras de Yashar, no esten encargados a acusar con mentira las palabras de Qadosh Alohay Unico ᕣᙆᕂᛣ AHAYAH, ni tomen cuenta de tus falsos poderosos; por que toda tus mentiras y enemistad contra Alohay ᕣᙆᕂᛣ AHAYAH no manifiesta en yashar, pero en gran maldad que transgresa la Tor'ah.

10. Y ahora Yo tenia conocimiento de este misterio, que malhechores que transgresan la Tor'ah van a alterar y pervertir las palabras de yashar en muchas formas, y van a hablar palabras de maldad, y mentira, y practicar gran engaños, y escribir libros en pertenencia de suyas palabras. *(YirmeYah 8:8/2 Kepha 14-18/ 1 Maccabiym 3:48 /Hizzayan/Rev 13)*

11. Pero cuando ellos escriben en verdad todas mis palabras en suyos lenguajes, y no hacen cambios o quitan nada de mis palabras, pero las ponen escritas todas verdaderamente todo lo que Yo primero declare en pertenencia de ellos. 12. Luego, Yo vine a conocimiento de otro misterio, que libros van a ser dados a los yasharim y los sabios que va a volverse una causa de alegria y rectitud y mucha sabiduria.

13. Y a ellos seran dados los libros, y ellos van a creer en ellos y regocijar sobre ellos, y luego van todos los yasharim que han aprendido de alli de todos caminos de yashar a ser recompensados.' *(Hizzayan/Rev 13:1-18/18:1-24/19-22)*

Alohay ᕣᙆᕂᛣ AHAYAH y ha Mashiach a Morar con Adam.

105 En esos yomiym ᕣᙆᕂᛣ AHAYAH ᛣWᕂ ASHAR ᕣᙆᕂᛣ AHAYAH mando enviando a ellos a convocar y declarar a los hijos de ha aretz correspondiendo suya sabiduria:

Enseña lo a ellos; por que ustedes son suyos guias, y una recompensa sobre la entera tierra de aretz. *(MattithYah 5:3-20)*

2. por que YO ᴣLᴣ𝋕 AHAYAH y Mi Hijo OWL YAHSHA ᴣLᴣ𝋕 AHAYAH vamos a ser unidos con ellos para siempre en los caminos de yashar en suyas vidas; Y ustedes van a tener shalom: alegranse, ustedes hijos de yashar. Ahman.

Fragmento de el Libro de Noah.

106 Y despues de varios yomiym mi hijo Mathushalah tomo una esposa por su hijo Lamech, y ella quedo embarazada por el y le nacio a luz a un hijo. 2. Y su cuerpo de el estaba blanco como la nieve y rojo como una rosa que le esta saliendo brotes, y el cabello de su cabeza y su largo cabello de su cabeza estaba blanco como la llana, y suyos ojos hermosos. Y cuando el abrio suyo ojos, el brillo alumbro toda la casa como el sol, y toda la casa estaba bien llena de luz. 3. Y en ese momento lo levantaron en las manos de la partera abrio su boca, y converso con Melaki yashar tzadok Adowan 𐤉𐤄𐤅𐤄 AHAYAH. 4. Y su padre Lamech estaba con miedo de el y huio, y fue a su padre Mathushalah. 5. Y el le dijo a el: "Me a nacido un hijo raro, diferente de y como ningun adam, y se aparece como los hijos del Alohay del Shamayim; y su naturaleza es diferente, y el no es como nosotros, y suyos ojos son como rayos del sol, y suyo rostro esta resplandeciente.

6. Y se me aparece a mi que el no a brotado de mi pero de los malakim, y Yo temo que en suyos yomiym una obra va a ser hecho sobre ha aretz.

7. Y ahora, mi padre, Yo estoy aqui para pedir peticion a ti y implorar a ti que si usted puede ir a Hanok, nuestro padre, y aprender de el la verdad, por que su lugar de vivir esta entre los malakim."

8. Y cuando Mathushalah escucho las palabras de su hijo, el vino a mi a los fines de ha aretz; por que el habia escuchado que Yo estaba alli, y lloro en voz alta, y Yo escuche su voz y Yo vine a el. Y Yo le dije a el: "Mira a la vista, aqui estoy, mi hijo, por que has usted vinido a mi? 9. Y el contesto y dijo: "Por que de una gran causa de ansiedad a Yo venido a ti, y por que de una vision disturbante Yo me a acercado.

10. y ahora, mi padre, escucha me: a Lamech mi hijo le a nacido a luz un hijo, el parecer de quien no hay nadien como, y suya

naturaleza no es como la naturaleza de hijos de Adam, y el color de su cuerpo esta mas blanco de que la nieve y mas rojo de que el brote de una rosa, y su cabello de su cabeza esta mas blanco de que blanca lana, y suyos ojos son como rayos del sol, y el abrio suyo ojos y en ese momento alumbro la entera casa. 11. Y el se levanto en las manos de la partera, y abrio su boca clamo en barekah al Melak del Shamayim ᕑᘔᕑᓚ AHAYAH.

12. Y su padre Lamech se volvio lleno de temor y fue huir a mi, y no creo que el estaba brotado de el, pero el estaba parecido como los malakim del shamayim; y mira Yo a venido a ti para que usted pueda hacer conocido a mi la verdad." 13. Y Yo, Hanok respondi y le dije a el: "el Adowan ᕑᘔᕑᓚ AHAYAH va hacer una nueva cosa en ha aretz, y esto Yo habia ya visto en una hizzayan vision en un sueño, y lo hago conocido a usted que en la generacion de mi padre Yared algunos de los malakim del shamayim transgresaron la palabra de el Adowan ᕑᘔᕑᓚ AHAYAH. 14. Y miren en vista ellos cometen maldades y transgresan la Tor'ah, y han unidose ellos mismos con hawwah (mujeres) y cometen maldad con ellas, y se han casado con algunas de ellas, y han nacido hijos de ellas. 15. Y ellos van a producir en ha aretz gigantes (nephilim) no acuerdo a la ruah pero acuerdo a la carne, y va haber un gran castigo sobre ha aretz, y ha aretz va hacer purificada de todas impurezas.

16. Si, va venir una gran destruccion sobre toda ha aretz, y va haber un diluvio y un gran destruccion por un año. (MattithYah 24:37/Bereshyth/Genesis 6)

17. Y este hijo que a nacido a usted va hacer dejado a sobrevivir sobre ha aretz, y suyos tres hijos van a ser salvados con el: cuando todo seres vivientes que estan sobre ha aretz van a perecer el y su hijos van a ser salvados. 18. Y ahora haz a conocer a tu hijo Lamech que el quien le a nacido es en verdad su hijo, y que le llame su nombre Noach; por que el va a ser dejado a usted y el y suyos hijos van a ser salvados de la

destruccion, que va venir sobre ha aretz en cuenta de toda la maldad que transgresa la Tor'ah y todo lo que no esta en rectitud, va a ser cumplido sobre ha aretz en su yomiym. 19. Y despues de esto va haber todavia mas maldad de que estaba primero cumplido sobre ha aretz; por que Yo a conocido los misterios de los qadoshim; por que Alohay, 𐤀𐤄𐤉𐤄 AHAYAH, lo a enseñado a mi, y me a informado a mi, y Yo lo habia leido a ellos en las tabletas del Shamayim.

107
Y Yo vi escrito sobre ellos que generacion sobre generacion va a transgresar, hasta que una generacion de yashar se levanta, y transgresion de la Tor'ah esta destruido y maldad llega a perecer de ha aretz, y toda manera de el bien viene sobre ella.

2. Y ahora, mi hijo, vaya y haz a conocer a tu hijo Lamech que este hijo, que estaba nacido, es en verdad su hijo, y que esto no es mentira."

3. Y cuando Mathushalah habia escuchado las palabras de su padre Hanok por que el habia enseñado a el toda cosa en secreto - el regreso y le enseño eso a el y llamo su nombre de ese hijo Noach, por que el va a ser consuelo a ha aretz despues de toda la destruccion.

Un Apendice a el Libro de Hanok.

108 Otro libro en que Hanok escribio para su hijo Mathushalah y por esos que van a venir despues de el, y guardaran la Tor'ah en los ultimos yomiym. 2. Si quien a hecho el bien van a esperar por esos yomiym hasta que un fin esta hecho de esos quien obran en maldad, y un fin de el poder de los que transgresan la Tor'ah. 3. Y espera usted en verdad hasta que la maldad a perecido, por que suyos nombres van a ser borrados afuera de el libro de vida y afuera de los libros qadosh, y suya semilla va a ser destruida para siempre, y suyos ruahoth van a ser matados, y ellos van a llorar y a ser lamentacion en un lugar que es desierto desordenado, y en la lumbre ardiente van ellos a quemar; por que alli no hay tierra.

4. Y Yo mire alli algo como una invisible densa neblina; por la razon de suya hondura Yo no pude a ver mas para alla de ella, y Yo mire una llama de fuego quemando con brillo, y algo como brillosas montañas circulando y moviendo adelante y para atras. Y Yo pregunte uno de los qadosh malakim que estaba conmigo y le dije a el: "Que es esta brillosa cosa? Por que no es un shamayim, pero no mas una llama de ardiendo fuego, y la voz de llorando y quejidas en pena y lamentacion y duro dolor." 6. Y el me dijo a mi: "Este lugar que usted mira aqui estan arrojados los ruahoth de los malvados que transgresan la Tor'ah y blasfemadores que hablan palabras insolentes, y esos quien obran maldad, y esos que hacen pervertir cada cosa que van a hacerse realizado. 7. Por que varios de ellos estan escritos y engrabados arriba en el Shamayim, en orden que los malakim puedan leerlo ellos y saber lo que va pasar a los malvados que transgresan la Tor'ah, y las ruahoth de los humildes, y de esos que han habido afligidos suyos cuerpos, y han estado recompensado por Alohay ᴣᴌᴣ𝟆 AHAYAH; y de esos que han sido puestos en verguenza por hombres malvados: 8. Quien aman a Alohay ᴣᴌᴣ𝟆 AHAYAH y ni amaban oro ni plata ni

alguna de las buenas cosas que estan en este mundo, pero entregaron suyos cuerpos a tortura. 9. Quien, desde que vinieron a existencia, no anhelaron atras la comida de ha aretz, pero consideraron cada cosa como un respiro que pasa, y vivian en acuerdo, y Alohay ᗑᘔᗑᕁ AHAYAH los probo a ellos mucho, y suyos ruahoth estaban encontrados puros para que ellos pudieran barekah en alabanza SuYo Nombre. 10. Y todas las barekah destinado por ellos Yo a recontado en los libros. Y Alohay ᗑᘔᗑᕁ AHAYAH a apuntado a ellos su recompensa, por que ellos habian estado encontrados que han sido que tanto ellos amaban el shamayim mas de que su vida en este mundo, y aun que ellos estaban pisados abajo los pies de los malvados hombres, y experienciado abuso y insultos de ellos y estaban puesto en verguenza, y todavia ellos Me alababan en barekah, a Mi. 11. Y ahora YO voy a convocar las ruahoth de los buenos que son de la generacion de luz, y YO voy a transformar esos que estaban nacido en oscuridad, quien en la carne no estaban recompensados con tal honor como su fidelidad merecia.

12. Y YO voy a traer adelante en luz brillosa a esos quien amado Mi Qadosh Nombre, y YO voy a sentar cada uno en el trono de su honor. (YashaYah 56:1-7)

13. Y ellos van a ser resplandeciente por tiempos con ningun numero; por que yashar es el juicio de Alohay ᗑᘔᗑᕁ AHAYAH; por que a los fieles ᗑᘔᗑᕁ AHAYAH va a dar fidelidad en la morada de caminos de yashar. 14. Y ellos van a ver esos quien estaban nacidos en oscuridad llevados adentro a oscuridad, mientras los yasharim van a ser resplandeciente. (YashaYah 66:1-24 Hizzayan/Rev. 21-22)

15. Y los malvados transgresores de la Tor'ah van a llorar en voz alta y veran a ellos en resplandor, y ellos en verdad van irse donde yomiym y tiempos estan apuntados por ellos." Ahman

Bibliographia

Charles, R.H. The Book of Enoch.
Traslado de Ethiopiano texto y editado reimprimido con texto del editor De la Griego fragmentos. Oxford, 1912

La Biblia del Oso Sagrada Biblia. Casiodoro de Reina 1569

El Libro de Yashar / Sefer Ha Yashar
Publicado en Hebreo en Venice 1625
Traslado a Ingles por Mosheh Samuel y Publicado por Mordecai Noah en Nueva York 1840

Terminos Paganos en Introduccion se revisa en: www.AHAYAH.com
https//www.blueletterbible.org/Lang/lexicón/lexicón/.cfm?t=kjv&strongs=h3467biblehub.com

https//www.blueletterbible.org/Lang/lexicón/lexicón/.cfm?t=kjv&strongs=h1961
Strong's Completo Hebreo Diccionario de Biblicas Palabras
Pg. 223 SALVADOR H3467 YAHSHA a ser salvo y libre

H1961 AHAYAH "YO SOY, o SERE, Respiro de Vida

El Nombre del Hijo y Padre son uno como dice Yohanan 5:43

YAHSHA AHAYAH o YASHAYAH mi SALVADOR

YAHSHA ha Mashiach sea con ustedes,
Quwam Yasharal
Levantate Yisrael

Biografía de el Traslador

Yohanan Ben Yashayah es de la casa del Tribu de Yahudah (Mendoza) encontrado entre la historia de la familia de lineaje de Zorababil después que Roma destruyo el templo la segunda vez D.M 70 y muchos fueron captivos de guerra y otros vendidos como esclavos entre el imperio de Roma y Africa que llegaron exiliados a Espana (Iberia) y France, somos del Tribu de Yahudah de los exiliados de Yashar'al y Yahrushalom. Estudiante y Serviente del Mashiach en la Ruah ha Qadosh (Espiritu Santo). De migrantes pergrinos que llegaron a Mashiahcan que es Michoacan y tambien Nuevo Leon desde los 1500 en adelante despues de Mashiach por que de la inquisición del serpiente vaticano en Roma y los reyes que están en alianza con este falso propheta. Revelation 13 y 17 Danyal 7:25 que el lector que lee entiende. Pasa esto entre la historia de mi gente Yashar'al. La serpiente va contra los de sangre Yahudahiym y Yashar'al en Mashiach nos persigen por que fuimos castigados como una gente por nuestro Abba por nuestra desobediencia de la Tor'ah regresan al los Mandamientos y la Fe de YAHSHA Rev.14:12 Debarim/Deuter. 28-30 Yachezqeal/Ezequiel 36 y 37 Yohanan 3:15-17 para quebrar cadenas y maldiciones. Nos vamos a levantar como aguilas otra vez mas Yashayah 11:10-16 Yermiyah 23:1-8 prepararanse Ejercitos de Yashar'al Revelation 7 es tiempo!

Fuimos establecidos en Mashiacha que es Mejico donde llegaron muchos de los tribus de Yashar'al 4 Esdras 13:40-46 a este lado de la tierra llegado en barcos de Iberia/Ivriyah/España, France, Italia y Norte Africa de los territorios de los Yahudahiym de la Gran Dispersion de Yahudah de Yahrushalom y de Yashar'al Sur y Norte Reino. Deuteronomio 28:64-69 mi patria es la Nueva Yahrushalom Galatas 4:26 donde mi Pastor AHAYAH YAHSHA AHAYAH ha Mashiach reina para siempre. Ahman! Hizzayan/Revelacion 22:1 Este Libro esta dedicado a ha Mashiach YAHSHA AHAYAH, en tiempo de Hanokkah 1 Maccabiym Capitulo 1-3 para recordarnos de la Liberacion y Salvacion que a hecho nuestro Rey de reyes contra los enemigos de Abba AHAYAH y Yashar'al brillando suya luz contra todas las fuerzas de oscuridad y la Abominacion de Desolacion que instalaron en el altar. Nuestro Templos o mas bien nuestras almas vamos a guerra contra toda la falsedad de Roma, Grecia, Egypto, y Babilonia o mas bien la bestia y suyo falso prophetas, y también dedicado en tiempo de Pasah/ Pascua para recordarnos del sacrificio que hizo el Cordero de Abba y entrego suya vida por nosotros para librar nos de la casa de la esclavitud de la muerte al regalo de la vida eterna en YAHSHA. Yohanan 3:16/ 8:31-32 /10:11

Shalom a todos los tribus dispersados de la

"Asamblea de Yashar'al Unidos en Mashiach"

"Shama (Oyeme), Ya'aqob, y tu, Yashar'al a quien llame. Yo mismo, Yo el Alef ᚹ (primero), Yo también el Tau ✕ (postrero)." Mi mano fundo también la tierra, y Mi mano derecha midio los shamayim con el palmo; al llamarlos Yo, comparecieron juntamente
(Yashayah 48:12-13)

"He aquí que viene con las nuves, y todo ojo lo vera, y los que lo trespasaron, y todos los linajes de la tierra harán lamentación por el. Si Ahman.

AHAYAH (Yo Soy) el Alefᚹ (Alfa) y la Tau ✕ (Omega), principio y fin, dice Alohay, el que es y que era y que ha de venir, Alohay Shadd ᚱᚻᚱᚹ AHAYAH." (Hizzayan/Rev 1:7-8)

AHAYAH YASHA AHAYAH es AHAYAH ASHAR AHAYAH manifestado en la carne!

(Debarim/Deuter. 6:4 Bereshiyth/Gen 18:16-33 Shemoth/Exo 13:21/14:16/19-20 Yahosha/Josue 5:13-15 Danyal 10:6-21 Yohanan 1:1/ 8/14 y muchos mas textos declaran la verdad sobre quien es ha Mashiach YAHSHA con la Alef Tau ✕ᚹ símbolo indicando que es Achad/Uno con Abba)

www.ingramcontent.com/pod-product-compliance
Lightning Source LLC
LaVergne TN
LVHW051635080426
835511LV00016B/2346